中国密码

新时代引领发展的关键词

胡月星◎主编

人民出版社
研究出版社

出 品 人：赵卜慧
总 策 划：胡孝文　陈侠仁
责任编辑：陈侠仁　王世勇

图书在版编目（CIP）数据

中国密码：新时代引领发展的关键词 / 胡月星主编 .
-- 北京：研究出版社：人民出版社，2018.1
ISBN 978-7-5199-0234-6

Ⅰ.①中… Ⅱ.①胡… Ⅲ.①中国特色社会主义－社
会主义建设模式 Ⅳ.① D616

中国版本图书馆 CIP 数据核字 (2017) 第 258984 号

中国密码：新时代引领发展的关键词
ZHONGGUO MIMA：XINSHIDAI YINLING FAZHAN DE GUANJIANCI

人民出版社 研究出版社 出版发行
（100706　北京市东城区隆福寺街 99 号）

涿州市星河印刷有限公司印刷　新华书店经销

2018 年 1 月第 1 版　2018 年 1 月北京第 1 次印刷
开本：710 毫米 ×1000 毫米 1/16　印张：14
字数：168 千字　印数：00,001—15,000 册

ISBN 978－7－5199－0234－6　定价：45.00 元

邮购地址 100706　北京市东城区隆福寺街 99 号
人民东方图书销售中心　电话（010）65250042　65289539

主　　　编　胡月星

编写组成员

　　　　　　袁书杰　　江　文　　李朝波
　　　　　　乔富胜　　赵曾臻　　刘一冰

前　言

当前，全党全社会学习党的十九大报告蔚然成风。党的十九大的胜利召开激励人心，催人奋进，习近平总书记在大会报告中提出的一系列新举措、新观点、新目标、新思想，令人耳目一新，深受鼓舞。报告深刻回答了新时代坚持和发展中国特色社会主义的一系列重大理论和实践问题，成为党在新时代坚持和发展中国特色社会主义的政治宣言和行动纲领。新修订的党章将习近平新时代中国特色社会主义思想作为党的重要指导思想，为推进党和国家事业发展明确了方向。学习贯彻党的十九大报告，已成为全党全国人民政治生活中的头等大事。

为使更多的干部、群众把党的十九大报告精神学深吃透用足，依照《中共中央关于认真学习宣传贯彻党的十九大精神的决定》提出的基本要求，应人民出版社和研究出版社邀请，国家行政学院中国领导科学研究中心副主任、领导科学教研室主任、博士生导师胡月星教授牵头编写本书。总体来说，本书具有以下特点：

一是突出思想主题。党的十九大确立的习近平新时代中国特色社会主义思想，不仅凝聚着全党的智慧力量，更是指引我们决胜全面建成小康社会，夺取新时代中国特色社会主义伟大胜利的行动指南。为此，本书的编写立足点以习近平新时代中国特色社会主义思想为指导，以研读领会报告主要内容为基本原则，以贯彻体现报告精神实质为目标要求。把报告中提到的新时代、新思想，确定的新目标、新任务等学好学深悟透。本书的绝大多数关键词都来自党的十九大报告，可以说是报告的精要所在。

二是体现"五个聚焦"。围绕学习宣传党的十九大精神，引导人们在学习中整体把握，既要全面系统，又要突出重点、抓住关键。要把《中共中央关于认真学习宣传贯彻党的十九大精神的决定》认真领会，关键在于如何体现"五个聚焦"：一是通过学习研读和认真聆听十九大报告精神的宣讲教育，逐字逐段仔细阅读十九大报告全文，每一个关键词的选取聚焦到体现习近平新时代中国特色社会主义思想上；二是开阔眼界，善于运用马克思主义的历史观分析问题，从事关党和国家前途命运的重大转折上，聚焦到深刻领会十九大报告中提到的"中国特色社会主义进入了新时代，这是我国发展新的历史方位"这一重大命题；三是从社会经济发展的现实角度出发，面对党情、国情、民情在现代化变革中的呈现特征、机遇挑战，聚焦到深刻理解我国社会主要矛盾已经转化为人民日益增长的美好生活需要和不平衡不充分的发展之间的矛盾这一重大政治论断；既要面对现实，憧憬未来，更要满腔热情，把报告精神贯彻落实到党的十九大确立的重大决策部署上；四是讲政治、顾大局、重核心、论看齐，把报告精神融入思想心灵深处，聚焦到贯彻执行当中。在十九大精神感召下，大家都要以饱满的热情，积极拼搏，锐意进取，在实现中华民族复兴的伟大事业中作出新的贡献。

三是力求客观准确。新时代引领中国发展的关键词涵盖多个方面。如十九大主题、习近平新时代中国特色社会主义思想、十八大以来党和国家事业发生的历史性变革、中国特色社会主义进入了新时代、我国社会主要矛盾的变化等方面，也涵盖新时代中国共产党的历史使命、实现第一个百年奋斗目标和向第二个百年奋斗目标进军等方面，还涵盖社会主义经济建设、政治建设、文化建设、社会建设、生态文明建设等方面的重大部署，国防和军队建设、港澳台工作、外交工作的重大部署，坚定不移全面从严治党的重大部署等方面。为此，本书梳理出关键词，进行全面而深入的解读。

四是讲究实际效果。"学懂、弄通、做实"这三个关键词，是习近平总书记在十九届中共中央政治局第一次集体学习时，对全党学习宣传贯彻党的十九大精神提出的重要要求。本着学用结合、学以致用的原则，编写组首先是学习小组，大家认真仔细地阅读报告原文，不断深化理解，提高思想认识。对党的十九大报告中的每一句、每一段话都再三学习体会，对关键词句多方寻找满意答案，力求比较客观准确地体现精神面貌。避免囫囵吞枣，杜绝妄加评议。编写过程中，就报告的每一个部分所包含的主要内容进行领会，从中划重点找关键。并对书中列出的关键词予以简要解读，重心不在"解"，关键是如何"读"。读通读熟比解读更加重要。关键是要积极引导人们紧密联系思想和工作实际，原原本本地学习文件，深刻领会报告的精神实质和核心要义，努力把学习的过程变成不断解放思想、研究问题、深化改革、锐意进取的过程，确保十九大精神落地生根取得实效。

五是展现初心，牢记使命。党的十九大报告凝聚全党智慧，内涵丰富，影响深远，字里行间展现美好未来。本书汇集了党的十九大报告里几乎所有的关键词，也吸收了党的十八大以来提出的一些重要概念，力图向世人揭示中国为什么快速发展以及如何赢得未来的奥秘所在。书中呈现的关键词是昭示中国发展的密码本。正是拥有这样的一粒粒催生发展的金种子，拥有这一系列新思想、新战略、新理念、新举措的扎实推进，我们才能从容面对世界风云变迁，创造中国辉煌。

在此，尤其需要特别说明的是，若就解读的功夫水平而言，本书的深入程度还不够，内容的涉及面还不够宽泛，对关键词的理解把握还很肤浅。在编写过程中，我们参阅了十九大报告宣讲团提供的学习材料、《人民日报》《光明日报》《新华文摘》等重要报刊登载的一系列重要文章以及新华网、人民网等主流媒体网站的诸多学习解读文稿，现场聆听了多位专家学者的宣讲解读，深受教益，在此表示衷心感谢！由于能力及学识水平有限，不当之处，祈请各位读者指正！

编　者
2017 年 11 月 20 日

目 录

习近平新时代中国特色社会主义思想

表述

"十八大以来，以习近平同志为主要代表的中国共产党人，顺应时代发展，从理论和实践结合上系统回答了新时代坚持和发展什么样的中国特色社会主义、怎样坚持和发展中国特色社会主义这个重大时代课题，创立了习近平新时代中国特色社会主义思想。习近平新时代中国特色社会主义思想是对马克思列宁主义、毛泽东思想、邓小平理论、"三个代表"重要思想、科学发展观的继承和发展，是马克思主义中国化的最新成果，是党和人民实践经验和集体智慧的结晶，是中国特色社会主义理论体系的重要组成部分，是全党全国人民为实现中华民族伟大复兴而奋斗的行动指南，必须长期坚持并不断发展。在习近平新时代中国特色社会主义思想指导下，中国共产党领导全国各族人民，统揽伟大斗争、伟大工程、伟大事业、伟大梦想，推动中国特色社会主义进入了新时代。"①

解读

党的十九大报告首次明确提出"新时代中国特色社会主义思想"，这是对十八大以来党的理论创新成果的集中概括。2017年10月24日，中国共产党第十九次全国代表大会通过了关于《中国共产党章程（修正案）》的决议，习近平新时代中国特色社会主义思想写入党章，被

---

① 《中国共产党章程》，2017年10月24日通过。

确立为党的行动指南,实现了党的指导思想的又一次飞跃。

新时代中国特色社会主义思想是以习近平同志为主要代表的中国共产党人,进行的划时代的理论创新、实践创新。这是马克思主义中国化的最新成果,是中国特色社会主义理论体系的重要组成部分,是被实践证明了的科学真理,是进行伟大斗争、建设伟大工程、推进伟大事业、实现伟大梦想的实践指南,是中国共产党人新时代的精神支柱和力量源泉。这是党的十九大最大的亮点,是对党的发展的历史性贡献。

新时代中国特色社会主义思想的思想内涵十分丰富,涵盖了政治、经济、法治、科技、文化、教育、民生、民族、宗教、社会、生态文明、国家安全、国防和军队、"一国两制"和祖国统一、统一战线、外交、党的建设等各个方面。其中,最重要、最核心的内容就是十九大报告所概括的"八个明确",即:明确坚持和发展中国特色社会主义,总任务是实现社会主义现代化和中华民族伟大复兴,在全面建成小康社会的基础上,分两步走在本世纪中叶建成富强民主文明和谐美丽的社会主义现代化强国;明确新时代我国社会主要矛盾是人民日益增长的美好生活需要和不平衡不充分的发展之间的矛盾,必须坚持以人民为中心的发展思想,不断促进人的全面发展、全体人民共同富裕;明确中国特色社会主义事业总体布局是"五位一体"、战略布局是"四个全面",强调坚定道路自信、理论自信、制度自信、文化自信;明确全面深化改革总目标是完善和发展中国特色社会主义制度、推进国家治理体系和治理能力现代化;明确全面推进依法治国总目标是建设中国特色社会主义法治体系、建设社会主义法治国家;明确党在新时代的强军目标是建设一支听党指挥、能打胜仗、作风优良的人民军队,把人民军队建设成为世界一流军队;明确中国特色大国外交要推动构建新型国际关系,推动构建人类命运共同体；明确中国特色社会主义最本质的特征是中国共产党领导，中国特色社会主义制度的最大优势是中国共产党领导，党是最高政治领导力量，提出新时代党的建设总要求，突出政治建设在党的建设中的重要地位。

"八个明确"是新时代中国特色社会主义思想的内涵。从主题目标、价值导向、总体方略、发展动力、法治保障、军事保障、国际环境、政治保证方面系统回答了新时代中国特色社会主义是什么的问题，构成了系统完备、逻辑严密、内在统一的科学体系。

习近平新时代中国特色社会主义思想，是对马克思列宁主义、毛泽东思想、邓小平理论、"三个代表"重要思想、科学发展观的继承和发展，是马克思主义中国化的最新成果，是党和人民实践经验和集体智慧的结晶，是中国特色社会主义理论体系的重要组成部分，是全党全国人民为实现中华民族伟大复兴而奋斗的行动指南，必须长期坚持并不断发展。

中华民族伟大复兴的中国梦

表述

"不忘初心，牢记使命，高举中国特色社会主义伟大旗帜，决胜全面建成小康社会，夺取新时代中国特色社会主义伟大胜利，为实现中华民族伟大复兴的中国梦不懈奋斗。"[1]

---

[1]　习近平：《决胜全面建成小康社会 夺取新时代中国特色社会主义伟大胜利——在中国共产党第十九次全国代表大会上的报告》，人民出版社 2017 年版，第 1 页。

解读

中华民族伟大复兴的中国梦，庄严写入了党的十九大报告，并作为大会主题明确地提出来。

2012 年 11 月 29 日，习近平总书记率新一届中央领导集体参观国家博物馆《复兴之路》展览，首次向全世界宣示了中华民族伟大复兴的中国梦。习近平总书记在参观展览时的讲话中提出："每个人都有理想和追求，都有自己的梦想。现在，大家都在讨论中国梦，我以为，实现中华民族伟大复兴，就是中华民族近代以来最伟大的梦想。"

此后的 2012 年 12 月 8 日至 9 日，习近平同志在广州战区考察工作时，以军委主席的身份在讲话中再提中国梦："实现中华民族伟大复兴，是中华民族近代以来最伟大的梦想。"

2013 年 3 月 17 日，习近平同志在第十二届全国人民代表大会第一次会议的闭幕会上，以国家主席身份三提中国梦，进行了更为具体的阐释和解读："实现中华民族伟大复兴的中国梦，就是要实现国家富强、民族振兴、人民幸福，既深深体现了今天中国人的理想，也深深反映了我们先人们不懈追求进步的光荣传统。"

2013 年 5 月，习近平总书记在接受拉美三国联合采访时指出："在新的历史时期，中国梦的本质是国家富强、民族振兴、人民幸福。我们的奋斗目标是，到 2020 年国内生产总值和城乡居民人均收入在 2010 年基础上翻一番，全面建成小康社会。到本世纪中叶，建成富强民主文明和谐的社会主义现代化国家，实现中华民族伟大复兴的中国梦。"

中国梦的基本内涵有三个层面：国家富强、民族振兴、人民幸福，其最大特点就是把国家利益、民族利益和每个人的具体利益作为一个紧密相连的共同体加以审视和同步推进。国家富强是最高追求，是要实现国家从发展中大国向现代化强国迈进；民族振兴是伟大梦想，要让中华民族以更加昂扬的姿态屹立于世界民族之林；人民幸福是终极目标，包括更高的收入、更好的教育、更可靠的社会保障、更高水平的医疗卫生服务、更舒适的居住条件、更优美的环境等。习近平总书记强调："中国梦归根到底是人民的梦，必须紧紧依靠人民来实现，必须不断为人民造福。"

中国梦的核心目标和现实基础可以概括为"两个一百年"奋斗目标，即到中国共产党成立 100 年时全面建成小康社会，到新中国成立 100 年时建成富强、民主、文明、和谐的社会主义现代化国家。这是中国梦在现时代的具象化。

习近平总书记在第十二届全国人民代表大会第一次会议上的讲话中明确指出了实现中国梦的三个关键路径，即：

实现中国梦必须走中国道路。这就是中国特色社会主义道路。全国各族人民要增强对中国特色社会主义的理论自信、道路自信、制度自信，坚定不移沿着正确的中国道路奋勇前进。

实现中国梦必须弘扬中国精神。这就是以爱国主义为核心的民族精神，以改革创新为核心的时代精神。全国各族人民一定要弘扬伟大的民族精神和时代精神，不断增强团结一心的精神纽带、自强不息的精神动力，永远朝气蓬勃迈向未来。

实现中国梦必须凝聚中国力量。这就是中国各族人民大团结的力量。全国各族人民一定要牢记使命，心往一处想，劲往一处使，用 13 亿人的智慧和力量汇集起不可战胜的磅礴力量。

中国共产党人的初心和使命

表述

"中国共产党人的初心和使命，就是为中国人民谋幸福，为中华民族谋复兴。这个初心和使命是激励中国共产党人不断前进的根本动力。"[①]

解读

"初心和使命"是中国共产党人自建党之初就树立的奋斗精神和赤子之心，即"两为"：为中国人民谋幸福，为中华民族谋复兴。这是一个"为谁干"的问题，是一切工作的出发点和落脚点。96 年来，我们党从建党之初的十几个党员，发展壮大为有 8900 余万党员的执政党。在党的领导下，经过几十年的飞速发展，国家面貌焕然一新，人民总体生活水平有了质的提升，中华民族迎来了从站起来、富起来到强起来，这个初心和使命激励着中国共产党人不断前进。

习近平总书记在庆祝中国共产党成立 95 周年大会上回顾了中国共产党团结带领全国人民不懈奋斗的光辉历程，展望了党和人民事业发展的光明前景。其中，多次强调不忘初心，比如："走得再远、走到再光辉的未来，也不能忘记走过的过去，不能忘记为什么出发。面向未来、面对挑战，全党同志一定要不忘初心，继续前进。"

党的十九大报告指出，不忘初心，牢记使命，高举中国特色社

---

① 习近平：《决胜全面建成小康社会 夺取新时代中国特色社会主义伟大胜利——在中国共产党第十九次全国代表大会上的报告》，人民出版社 2017 年版，第 1 页。

会主义伟大旗帜，决胜全面建成小康社会，夺取新时代中国特色社会主义伟大胜利，为实现中华民族伟大复兴的中国梦不懈奋斗。"不忘初心，牢记使命"，已成为理解党的十九大主题的密钥和口令。党的十九大胜利召开后，以县处级以上领导干部为重点，在全党将开展"不忘初心、牢记使命"主题教育，用党的创新理论武装头脑，推动全党更加自觉地为实现新时代党的历史使命而不懈奋斗。

五 位 一 体

表述

"全面落实经济建设、政治建设、文化建设、社会建设、生态文明建设五位一体总体布局，促进现代化建设各方面相协调。"①

解读

2012 年 11 月，党的十八大报告中首次提出"五位一体"的概念。以往的提法主要是"经济现代化"，党的十六大报告提出"三位一体"（经济建设、政治建设、文化建设），到党的十七大报告提出"四位一体"（经济建设、政治建设、文化建设和社会建设），党的十八大报告进一步拓展到"五位一体"（经济建设、政治建设、文化建设、社会建设、生态文明建设）。党的十九大报告中提出建设"富强民主文明和谐美丽的社会主义现代化国家"中的"富强""民

---

① 胡锦涛：《坚定不移沿着中国特色社会主义道路前进为全面建成小康社会而奋斗》，2012 年 11 月 8 日。

主""文明""和谐""美丽"与党的十八大报告相呼应,前者是途径,后者是目标。"五位一体"在习近平总书记的公开重要讲话和文章中提及 30 次以上。

"五位一体"是完成社会主义现代化和中华民族伟大复兴的总布局,为奋斗目标的实现规划蓝图,明确努力的领域和方向。它科学地回答了"实现什么样的发展、怎样发展"这一重大战略问题,为用中国特色社会主义理论体系武装头脑、指导实践、推动工作,提供了强大思想武器。虽然涉及的领域不同,有各自特殊的内容和规律,但它们之间相互联系、彼此影响、不同分割、有机统一。经济建设是前提,政治建设是保障,文化建设是灵魂,社会建设是条件,生态文明建设是基础。

在世界各地访问时,习近平总书记多次提及"五位一体"对中国人民实现奋斗目标的意义。2013 年参加金砖国家领导人第五次会晤以及 2015 年在新加坡国立大学发表演讲时指出,为了实现"两个一百年"这两大目标,要"全面推进经济建设、政治建设、文化建设、社会建设、生态文明建设,促进现代化建设各个方面、各个环节相协调,建设美丽中国"。随着"五位一体"总体布局在全面深化改革中全方位的呈现,我国离现代化建设总目标的实现更近了,我国人民追求的美好生活更趋完美了。

四 个 全 面

表述

"协调推进全面建成小康社会、全面深化改革、全面推进依法治国、全面从严治党，推动改革开放和社会主义现代化建设迈上新台阶。"①

解读

从时间维度来看，"四个全面"分别是在不同高层会议场合提出来的。2012 年 11 月，党的十八大提出全面建成小康社会；2013 年 11 月，党的十八届三中全会提出全面深化改革；2014 年 10 月，党的十八届四中全会提出全面推进依法治国；2014 年 10 月 8 日，党的群众路线教育实践活动总结大会上提出全面推进从严治党。2014 年 12 月，习近平总书记在江苏调研时深刻指出，协调推进全面建成小康社会、全面深化改革、全面推进依法治国、全面从严治党，推动改革开放和社会主义现代化建设迈上新台阶，这是第一次"四个全面"并提。之后的两个月，2015 年 2 月，在省部级主要领导干部学习贯彻四中全会精神全面推进依法治国专题研讨班开班式上，习近平总书记将"四个全面"定位为"战略布局"。

全面建成小康社会，核心就在"全面"。党的十八大报告首次提出全面建成小康社会。我们追求的是多领域协同发展、不分地域、不让一个人掉队、不断发展的全面小康。从内容上看，全面建成小康社会是经济建设、政治建设、文化建设、社会建设、生态文明建设五位一体的全面小康，是不可分割的整体。"小康社会"是由改革开放总设计师邓小平在 20 世纪 70 年代末 80 年代初在规划我国经济社会发展蓝图时提出的战略构想。随着中国特色社会主义建设事业的深入，其内涵和意义不断地得到丰富和发展。从党的十二大报告立足于社会主义初级阶段的分析正式提出小康目标，到党的十六大

---

① 习近平在江苏调研时的讲话，2014 年 12 月。

报告明确提出全面建设小康社会的奋斗目标，再到党的十八大报告顺应党心民意，适时提出"全面建成小康社会"的宏伟目标，我们党率领全国各族人民沿着中国特色社会主义道路开拓奋进，终于迎来了向全面建成小康社会奋力冲刺的关键阶段。从"全面建设"到"全面建成"，体现了我们党坚定中国特色社会主义道路、理论、制度的高度自信和自觉。

全面深化改革是党的十八届三中全会专门讨论并突出强调的主题。改革开放四十年来，我们党以巨大的政治勇气，锐意推进经济体制、政治体制、文化体制、社会体制、生态文明体制和党的建设制度改革，不断扩大开放，决心之大、变革之深、影响之广前所未有，成就非凡。2017 年 10 月 18 日，党的十九大报告指出，坚持全面深化改革，必须坚持和完善中国特色社会主义制度，不断推进国家治理体系和治理能力现代化，坚决破除一切不合时宜的思想观念和体制机制弊端，突破利益固化的藩篱，吸收人类文明有益成果，构建系统完备、科学规范、运行有效的制度体系，充分发挥我国社会主义制度的优越性。

1997 年 9 月，"依法治国"第一次写进党的十五大报告，并被确立为党领导人民治理国家的基本方略。1999 年 3 月，"依法治国"载入九届全国人大二次会议通过的宪法修正案。后来，党的十六大、十七大、十八大等一系列重大会议战略决策部署，"依法治国"的蓝图越来越清晰。2014 年 10 月，党的十八届四中全会审议通过了《中共中央关于全面推进依法治国若干重大问题的决定》，其中包括 180 多项重大举措，涵盖了依法治国的各个方面。以全面推进依法治国的总目标——建设中国特色社会主义法治体系，建设社会主义法治国家为统领，坚持"五大"基本原则，即坚持中国共产党的领导，坚持人民主体地位，坚持法律面前人人平等，坚持依法治国和以德治国相结合，坚持从中国实际出发，部署了全面依法治国的六项重大任务，为全面推进依法治国指明了方向。习近平总书记在党的十九大报告中提出新时代中国特色社会主义思想的命题时，重申了推进全面依法治国总目标是建设中国特色社会主义法治体系、建设社会主义法治国家。

党的十八大以来，在习近平总书记系列重要讲话中，关于党的建设内容最为丰富，而且始终贯穿着一个鲜明的主题——从严治党。2014年12月，习近平总书记在江苏考察时，首次在"从严治党"前面加上了"全面"二字。"全面"就意味着管全党、治全党，面向8900多万党员、450多万个党组织，覆盖党的建设各个领域、各个方面、各个部门。"打铁还需自身硬"，全面从严治党，是形势所需，是人心所向，是地位所致，是现实向我们党提出的迫切要求。党的十八届六中全会审议通过了《关于新形势下党内政治生活的若干准则》和《中国共产党党内监督条例》，开启了全面从严治党新征程。作为党的十八大以来党中央抓党的建设的鲜明主题，全面从严治党被纳入"四个全面"战略布局中，通过思想建党和制度治党两种方式，集中整饬党风，严厉惩治腐败，净化党内政治生态，党内政治生活展现新气象，赢得了党心民心，开创了党和国家事业的新局面。2015年，国家统计局的问卷调查结果显示，91.5%的群众对党风廉政建设和反腐败工作成效表示满意。"办好中国的事情，关键在党，关键在党要管党、从严治党。"在十八届中央纪委六次全会上，习近平总书记又强调："全面从严治党永远在路上。"党的十九大报告中又指出，坚定不移全面从严治党，不断提高党的执政能力和领导水平。

　　总体来看，"四个全面"战略布局言简意赅、深刻精辟、有机相连、环环相扣，是一个相互贯通的体系。习近平总书记指出，全面建成小康社会是我们的战略目标，全面深化改革、全面依法治国、全面从严治党是三大战略举措。具体来说，发展是时代的主题，全面建成小康社会是发展目标；全面深化改革是推进社会发展的根本动力；全面依法治国是国家治理体系和治理能力现代化的重要保障；全面从严治党是执政党加强自身建设的必然要求。因此，四个"全面"加起来，相辅相成、相互促进、相得益彰，展现党中央治国理政的总方略和总框架，续写中国特色社会主义新时代的行动纲领。

新发展理念

表述

　　"坚定不移贯彻新发展理念，坚决端正发展观念、转变发展方式，发展质量和效益不断提升。"①

解读

　　2015 年 10 月，党的十八届五中全会提出，实现"十三五"时期发展目标，破解发展难题，厚植发展优势，必须牢固树立创新、协调、绿色、开放、共享的发展理念。这五大发展理念是管全局、管根本、管长远的新发展理念，是当下引领中国发展实践的"指挥

---

　　① 习近平：《决胜全面建成小康社会 夺取新时代中国特色社会主义伟大胜利——在中国共产党第十九次全国代表大会上的报告》，人民出版社 2017 年版，第 3 页。

棒"。它指明了"十三五"乃至更长时期我国的发展思路、发展方向和发展着力点，要深入理解、准确把握其科学内涵和实践要求。它集中反映了我们党对经济社会发展规律认识的深化，为全面建成小康社会、实现"两个一百年"奋斗目标提供了理论指导和行动指南，是当今中国发展之道。

创新是引领发展的第一动力。崇尚创新，国家才有光明前景，社会才有蓬勃活力。习近平总书记在党的十九大报告中强调，"创新是引领发展的第一动力，是建设现代化经济体系的战略支撑"，为新时代加快建设创新型国家和世界科技强国指明了方向。当前形势下，我国虽然已经成为全球经济大国和贸易大国，但是经济规模大而不强、经济增长快而不优，关键领域核心技术受制于人的格局没有发生根本改变。在国际发展竞争日趋激烈和我国发展动力转换的新形势下，没有创新发展，我们就很难摆脱过于依靠要素投入的路径依赖，很难实现经济可持续健康发展，经济强国、创新大国难以实现。因此，我们比以往任何时候都需要创新。实践证明，创新为过去的中国带来了丰硕的创新成果，也为新时代中国的未来发展指引了方向。理论创新、制度创新、科技创新、文化创新对经济社会和国家发展全局具有深刻影响和强大推动力。不断推进四大创新，让创新贯穿于党和国家一切工作，让创新在全社会蔚然成风。

协调是持续健康发展的内在要求，增强协调性才能使我国经济社会发展行稳致远。当前一个时期，我国发展不平衡、不协调、不可持续问题依然比较突出，特别是区域发展不平衡、城乡发展不协调、产业结构不合理、经济和社会发展"一条腿长、一条腿短"等矛盾仍然很突出。因此，必须深刻认识协调是持续健康发展的内在要求，牢牢把握中国特色社会主义事业总体布局，处理好发展中的重大关系，重点促进城乡区域协调发展，促进经济社会协调发展，促进新型工业化、信息化、城镇化、农业现代化同步发展，在增强国家硬实力的同时，注重国家软实力的提升，不断增强发展的整体性。习近平总书记在党的十八届五中全会指出，坚持协调发展、着力形成平衡发展结构，重点从推动区域协调发展、推动城乡协调发展、推动物质文明和精神文明协调发展、推动经济建设和国防建设融合发展四个方面展开。

绿色是永续发展的必要条件和人民对美好生活追求的重要体现。走向生态文明新时代，建设美丽中国，是实现中华民族伟大复兴中国梦的重要内容。当前，资源约束趋紧，环境污染严重，生态系统退化，发展与人口资源环境之间的矛盾日益突出，已经成为我国经济社会可持续发展的重大瓶颈问题。2013年4月2日，习近平总书记在参加首都义务植树活动时指出："全社会都要按照党的十八大提出的建设美丽中国的要求，切实增强生态意识，切实加强生态环境保护，把我国建设成为生态环境良好的国家。"坚持绿色发展必须坚持节约资源和保护环境的基本国策，坚持绿水青山就是金山银山，坚持走生产发展、生活富裕、生态良好的文明发展道路，加快建设资源节约型、环境友好型社会，形成人与自然和谐发展的现代化建设新格局，推进美丽中国建设，开创社会主义生态文明新时代。

开放是国家繁荣发展的必由之路。党的十一届三中全会以来，我国实行对外开放的基本国策，打开国门搞建设。近40年来，我国已经基本形成了全方位、多层次、宽领域的对外开放格局，建立了中国特色开放型经济体系。当前，我国与世界的联系空间紧密，我国经济与世界经济高度融合，我国经济对世界经济的影响、世界经济对我国经济的影响都是前所未有的，同时我们也要清楚地看到，我国的对外开放总体水平还不够高。因此，处在对外开放的新起点上，我国既面临着新的机遇，也面临着新的挑战。树立开放发展理念，奉行互利共赢的开放战略，坚持引进来和走出去，发展更高层次的开放型经济，积极参与全球经济治理和公共产品供给，不断提升我国在全球治理中的制度性话语权，构建更广泛的利益共同体。

共享是中国特色社会主义的本质要求。习近平总书记曾深刻指出："中国梦归根到底是人民的梦，必须紧紧依靠人民来实现，必须为人民造福。"共享就是要实现经济社会发展所取得的成果回馈于全体人民，由全体人民共享，保障和改善民生，实现共同富裕。中国共产党的根本宗旨就是全心全意为人民服务，所以我们追求的发展就是造福人民的发展，追求的富裕就是全体人民共同富裕。2012 年 12 月 29 日至 30 日，习近平总书记到河北省阜平县看望慰问困难群众时指出："由于我国还处在社会主义初级阶段，还有为数不少的困难群众。全面建成小康社会，最艰巨最繁重的任务在农村，特别是在贫困地区。没有农村的小康，特别是没有贫困地区的小康，就没有全面建成小康社会。"因此，树立共享发展理念，坚持共享发展就是根据实际条件完善促进共同富裕的制度安排，逐步缩小收入差距，不断实现改革发展成果更多、更公平、更实在地惠及广大人民群众，让人民群众有更多的获得感。

总之，创新、协调、绿色、开放、共享这五个新发展理念，相互贯通、相互促进，是一个不可分割的有机统一体。习近平总书记在党的十九大报告中强调，要贯彻新发展理念，建设现代化经济体系。坚持和落实五大发展理念，是要同时坚持和落实而不是只坚持和落实其中一个或几个，所以艰巨性、复杂性和长期性特点比较突出，需要树立高度的自觉性、主动性、创造性，锐意进取，奋发有为，深化改革，不断前进，让"崇尚创新、注重协调、倡导绿色、厚植开放、推进共享"在全党全社会蔚然成风。

"一带一路"建设

表述

"在'一带一路'建设国际合作框架内，各方秉持共商、共建、共享原则，携手应对世界经济面临的挑战，开创发展新机遇，谋求发展新动力，拓展发展新空间，实现优势互补、互利共赢，不断朝着人类命运共同体方向迈进。这是我提出这一倡议的初衷，也是希望通过这一倡议实现的最高目标。"①

解读

2013 年 9 月和 10 月，习近平总书记在出访中亚和东南亚国家期间，先后提出共建"丝绸之路经济带"和"21 世纪海上丝绸之路"的重大倡议，得到国际社会的高度关注和积极响应。2015 年 3 月，国家发展改革委、外交部、商务部联合发布了《推动共建丝绸之路经济带和 21 世纪海上丝绸之路的愿景与行动》，"一带一路"建设有了纲领性文件。2015 年 10 月，党的十八届五中全会通过《中共中央关于制定国民经济和社会发展第十三个五年规划的建议》明确指出，推进"一带一路"建设，以企业为主体，实行市场化运作。推进同有关国家和地区多领域互利共赢的务实合作，打造陆海内外联动、

---

① 习近平在"一带一路"国际合作高峰论坛的讲话，2017 年 5 月 14 日到 15 日。

东西双向开放的全面开放新格局。

在推动共建"一带一路"上，习近平总书记、李克强总理等国家领导人先后出访二十多个国家，出席加强互联互通伙伴关系对话会、中阿合作论坛第六届部长级会议，就双边关系和地区发展问题，多次与有关国家元首和政府首脑进行会晤，深入阐释"一带一路"的深刻内涵和积极意义，就共建"一带一路"达成广泛共识。

"一带一路"涉及60多个国家、40多亿人口。秉承共商、共享、共建原则，"一带一路"得到沿线国家的支持和积极参与。目前，"一带一路"已经与欧亚经济联盟建设、蒙古"草原之路"战略、哈萨克斯坦"光明大道"、欧洲"容克投资计划"、越南"两廊一圈"等国家和地区的战略规划形成了对接。"一带一路"建设是区域经济合作领域实践的重大创新，也为完善全球经济治理提供了新思路新方案。正如俄罗斯《导报》所说，"一带一路"与其说是路，不如说是中国最重要的哲学范畴——"道"，包含行动、力量、创举和社会秩序等多重含义，中国在"一带一路"战略中提出了"全球治理新模式"。

历史性变革

表述

"五年来的成就是全方位的、开创性的，五年来的变革是深层次的、根本性的。五年来，我们党以巨大的政治勇气和强烈的责任担当，提出一系列新理念新思想新战略，出台一系列重大方针政策，推出一系列重大举措，推进一系列重大工作，解决了许多长期想解决而没有解决的难题，办成了许多过去想办而没有办成的大事，推动党和国家事业发生历史性变革。这些历史性变革，对党和国家事业发展具有重大而深远的影响。"①

解读

党的十八大以来，以习近平同志为核心的党中央带领全党攻坚克难，推动历史性变革，收获历史性成就。因此，这五年是党和国家发展进程中极不平凡的五年。党的十九大报告强调指出："五年来的成就是全方位的、开创性的，五年来的变革是深层次的、根本性的。"

五年来，党中央科学把握当今世界和当代中国的发展大势，顺应实践要求和人民愿望，推出一系列重大战略举措，出台一系列重大方针政策，推进一系列重大工作，进行了历史性变革。一方面，变革是深层次的。五年来，全面推进深化改革，精准发力、多点突破、纵深推进，先后出台1500多项改革举措，重要领域和关键环节改革取得突破性进展，主要领域改革主体框架基本确立，很多改革成果都已经通过立法和制度确认下来。另一方面，变革是根本性的。五年来，通过率先垂范、思想引领、制度建立与完善、改革深化等形式，使党风、政风、社会风气发生了根本性转变，党的面貌、国家面貌、军队面貌发生了根本性变化。

五年里，我们面对着许多重大的风险考验，也面临着党内许多突出的问题，以习近平同志为核心的党中央领导全国人民解决了许多长期想解决而没有解决的问题，办成了许多过去想办而没有办成

① 习近平：《决胜全面建成小康社会 夺取新时代中国特色社会主义伟大胜利——在中国共产党第十九次全国代表大会上的报告》，人民出版社2017年版，第8页。

的大事，取得了历史性的成就。一方面，成就是全方位的。五年来，以习近平同志为核心的党中央高瞻远瞩、率先垂范、果敢行动，坚持统筹国内国际两个大局，积极推进改革发展稳定、内政外交国防、治党治国治军，提出了一系列新理念新思想新战略，出台了一系列重大方针政策，推出了一系列重大举措，推进了一系列重大工作，在政治、经济、文化、社会和生态等诸多领域都取得了辉煌成就，开启了中国特色社会主义新时代。另一方面，成就是开创性的。五年来，以习近平同志为核心的党中央确立了中国特色社会主义事业"五位一体"总体布局和"四个全面"战略布局，全面深化改革取得重大突破，全面依法治国深入推进，全面从严治党成效卓著，全面建成小康社会得到人民认可、经得起历史检验。

社会主要矛盾转化

表述

"中国特色社会主义进入新时代，我国社会主要矛盾已经转化为人民日益增长的美好生活需要和不平衡不充分的发展之间的矛盾。"[1]

解读

1956 年，党的八大报告指出："我们国内的主要矛盾，已经是人民对于建立先进的工业国的要求同落后的农业国的现实之间的矛盾，已经是人民对于经济文化迅速发展的需要同当前经济文化不能

---

[1]　习近平：《决胜全面建成小康社会 夺取新时代中国特色社会主义伟大胜利——在中国共产党第十九次全国代表大会上的报告》，人民出版社 2017 年版，第 11 页。

满足人民需要的状况之间的矛盾。"1981 年，党的十一届六中全会指出："在社会主义改造基本完成以后，我国所要解决的主要矛盾，是人民日益增长的物质文化需要同落后的社会生产之间的矛盾。"这个主要矛盾，贯穿于我国社会主义初级阶段的整个过程和社会生活的各个方面，决定了那时的根本任务是集中力量发展社会生产力。

习近平总书记在党的十九大报告中指出，中国特色社会主义进入新时代，我国社会主要矛盾已经转化为人民日益增长的美好生活需要和不平衡不充分的发展之间的矛盾。具体特点为：一是供需矛盾转为需求不平衡矛盾；二是追求数量转为追求品质；三是物质追求转为精神物质需求并重；四是差异发展转向均衡发展。准确深刻把握我国社会主要矛盾发生变化的新特点，对决胜全面建成小康社会、全面建设社会主义现代化强国，具有十分重要的意义。

虽然我国社会主要矛盾发生转化，但是我国仍处于并将长期处于社会主义初级阶段，我国仍是世界上最大的发展中国家。因此，党和国家在继续推动发展的基础上，着力解决好发展不平衡不充分问题，大力提升发展质量和效益，更好地满足人民在经济、政治、文化、社会、生态等方面日益增长的需要，更好地推动人的全面发展、社会全面进步。

发展不平衡不充分

表述

"发展不平衡不充分的一些突出问题尚未解决，发展质量和效益还不高，创新能力不够强，实体经济水平有待提高，生态环境保护任重道远。"①

解读

党的十九大报告指出，我国经济社会发展中存在发展不平衡不充分的问题和矛盾。从经济角度看，"不平衡不充分"——主要体现在经济的产业结构、需求结构、增长动力以及区域和城乡的差异上。在产业结构上，表现为服务业，尤其是现代服务业发展相对于制造业的不平衡不充分；在需求结构上，表现为消费相对于投资的不平衡不充分；在增长动能上，表现为相对于资本、劳动力、土地等要素投入，创新作用发挥得不平衡不充分；在城乡格局上，相对于城市，乡村经济发展不平衡不充分。

导致发展不平衡不充分，既有先天要素禀赋的差异，也有后天增长模式和节奏的影响。虽然改革开放以来我国总体经济实力不断提高，但不同地区、不同群体之间差距有所扩大，发展不平衡现象日益突出。由于过去三十多年我国的工业化和对外开放集中在东部，东部工业化和城市化水平高于中部，尤其是西部，城乡间的差异就表现为中西部，尤其是西部的经济发展相对于东部的不平衡不充分。我们党将精准扶贫工作摆在了十分重要的位置，就体现了解决这种不均衡矛盾的坚定态度。

要实现"两个一百年"的奋斗目标，需要着力解决当前经济发展中不平衡不充分的问题，让发展更平衡更充分。因此，要以党的十九大报告精神为指引，进一步缩小居民收入差距、实现公共服务

---

① 习近平：《决胜全面建成小康社会 夺取新时代中国特色社会主义伟大胜利——在中国共产党第十九次全国代表大会上的报告》，人民出版社 2017 年版，第 9 页。

均等化，特别是地区间要协调共同发展，并不断在工作中探索出更多促进均衡发展的具体方案。

经济新常态

表述

"面对世界经济复苏乏力、局部冲突和动荡频发、全球性问题加剧的外部环境，面对我国经济发展进入新常态等一系列深刻变化，我们坚持稳中求进工作总基调，迎难而上，开拓进取，取得了改革开放和社会主义现代化建设的历史性成就。"①

解读

"常态"就是时常发生的状态。经济的"常态"是指一个经济体运行的"经常性状态"或者"稳定性状态"。2014年5月，习近平总书记在考察河南时，首次提出"新常态"。"新"即为"有异于旧质"；新常态就是不同以往的、相对稳定的状态。这是一种趋势性、不可逆的发展状态，意味着中国经济已进入一个与过去30多年高速增长期不同的新阶段。

30多年来，我国国内生产总值（GDP）一路高歌，平均10%左右的高速增长。但是，从2012年开始，我国GDP增速开始回落、2012年、2013年、2014年、2015年、2016年增速分别为7.7%、7.7%、7.4%、6.9%、6.7%，出现了经济增长阶段的根本性转换。

---

① 习近平：《决胜全面建成小康社会 夺取新时代中国特色社会主义伟大胜利——在中国共产党第十九次全国代表大会上的报告》，人民出版社2017年版，第2页。

我国经济呈现出了新常态，从高速增长转为中高速增长，经济结构优化升级，从要素驱动、投资驱动转向创新驱动。

经济新常态主要表现为：速度、结构和动力三个方面。即从高速增长转为中高速增长；经济结构不断优化升级，由粗放型发展转向科学包容、可持续发展；从要素驱动、投资驱动转向服务业发展及创新驱动。随着新常态理念的深入人心，在政治、社会、文化领域也出现了概念的延伸和运用。

总体来说，"新常态"的我国发展处于重要战略机遇期，中国共产党人对现实问题和未来挑战的认识清醒、判断准确，彰显了我们党对现实机遇的从容把握和对未来发展的信心把握，彰显了我们党对自身使命的担当精神，彰显了我们党治国理政的实力智慧和坚强意志。

大众创业　万众创新

表述

"推动大众创业、万众创新，既可以扩大就业、增加居民收入，又有利于促进社会纵向流动和公平正义。"①

解读

2014 年 9 月，李克强总理在夏季达沃斯论坛上指出，要在 960 万平方公里土地上掀起"大众创业""草根创业"的新浪潮，形成"万众创新""人人创新"的新势态。2015 年李克强总理在政府工作

---

① 李克强在十二届全国人大第三次会议所作的《政府工作报告》，2015 年 3 月 5 日。

报告中指出，"推动大众创业、万众创新，既可以扩大就业、增加居民收入，又有利于促进社会纵向流动和公平正义。""大众创业、万众创新"，以简政放权的改革为市场主体释放更大空间，让国人在创造物质财富的过程中同时实现精神追求。2015 年 6 月 11 日，国务院印发《国务院关于大力推进大众创业、万众创新若干政策措施的意见》，改革完善相关体制机制，构建普惠性政策扶持体系，推动资金链引导创业创新链、创业创新链支持产业链、产业链带动就业链而制定的法规，并即日实施。为了推动政策落地，国务院建立了由发展改革委牵头的推进大众创业、万众创新部际联席会议制度。

"大众创业、万众创新"有助于推动我国经济结构调整、打造发展新引擎、增强发展新动力、走创新驱动发展道路。推进大众创业、万众创新，既可以在最大范围内推动人财物等各种市场要素自由流动，更可以倒逼不合理的体制机制实现改革突破，最终提升整个经济的运行效率。

当前，"大众创业、万众创新"的理念正日益深入人心。无论是大众创业，还是万众创新，都少不了一个"众"字。"活力增长财力，人气带来财气。"随着各地各部门认真贯彻落实，业界学界纷纷响应，各种新产业、新模式、新业态不断涌现，有效激发了社会活力，释放了巨大创造力，成为经济发展的一大亮点。

供给侧结构性改革

表述

"供给侧结构性改革深入推进，经济结构不断优化，数字经济等新兴产业蓬勃发展，高铁、公路、桥梁、港口、机场等基础设施建设快速推进。"①

解读

供给侧结构性改革这个关键词包含三个部分，即供给侧、结构性、改革。它的基本含义是：用改革的办法推进结构调整，减少无效和低端供给，扩大有效和中高端供给，增强供给结构对需求变化的适应性和灵活性，提高全要素生产率，使供给体系更好适应需求结构变化。

我国从 2015 年开始，以去产能、去库存、去杠杆、降成本、补短板为重点的供给侧结构性改革，经中央经济工作会议定调后，正式拉开大幕。自 2015 年以来，我国经济进入了一个新阶段，具体表现为：主要经济指标之间的联动性出现背离，经济增长持续下行与居民消费价格指数（CPI）持续低位运行，居民收入有所增加而企业利润率下降，消费上升而投资下降等。为了应对这种变化，在优化需求管理空间的同时，迫切需要改善供给侧环境、优化供给侧机制，通过改革制度供给，大力激发微观经济主体活力，增强我国经济长期稳定发展的新动力。

2016 年 1 月 26 日，习近平总书记在中央财经领导小组第十二次会议上强调，供给侧结构性改革的根本目的是提高社会生产力水平，落实好以人民为中心的发展思想。党的十九大报告中进一步指出，深化供给侧结构性改革，建设现代化经济体系，必须把发展经济的着力点放在实体经济上，把提高供给体系质量作为主攻方向，显著增强我国经

---

① 习近平：《决胜全面建成小康社会 夺取新时代中国特色社会主义伟大胜利——在中国共产党第十九次全国代表大会上的报告》，人民出版社 2017 年版，第 3 页。

济质量优势。

在供需关系上，"供需错位"严重阻挡了我国经济持续增长。首先，过剩产能已成为制约我国经济转型的一大包袱。另外，我国的供给体系与需求侧严重不配套，总体上是中低端产品过剩，高端产品供给不足。在结构性问题上，我国存在产业结构、区域结构、要素投入结构、排放结构、经济增长动力结构和收入分配结构六个方面问题。这六个方面的结构性问题既相对独立、又相互叠加，需要通过结构性改革进行解决。实施改革的重点在于：一是推进政府管理经济、社会方式的创新，尤其深入推进"简政放权、放管结合、优化服务"的行政审批制度改革，以管住、管好政府这只"看得见的手"。二是深入推进财税改革，形成政府与公民、中央与地方之间稳定的经济关系以及规范的政府财政管理制度。

互联网 +

🖋 表述

"制定'互联网＋'行动计划，推动移动互联网、云计算、大数据、物联网等与现代制造业结合，促进电子商务、工业互联网和互联网金融（ITFIN）健康发展，引导互联网企业拓展国际市场。"①

🖋 解读

2015 年 3 月 5 日，在十二届全国人大三次会议上，李克强总理

---

① 李克强在十二届全国人大第三次会议所作的《政府工作报告》，2015 年 3 月 5 日。

在政府工作报告中首次提出"互联网 +"行动计划。2015 年 7 月 4 日，国务院印发了《关于积极推进"互联网 +"行动的指导意见》，推动互联网由消费领域向生产领域拓展，加速提升产业发展水平，增强各行业创新能力，构筑经济社会发展新优势和新动能。

"互联网 +"就是"互联网 + 各个传统行业"，但这并不是简单的相加，而是利用信息通信技术以及互联网平台，让互联网与传统行业深度融合，是创新 2.0 下的互联网发展新形态、新业态，是知识社会创新 2.0 推动下的互联网形态演进。当前，无所不在的网络与计算、数据、知识使创新无限可能，以及数字向智能和智慧进一步演进，有力推动技术进步、效率提升和组织变革，提升实体经济创新力和生产力，形成更为广泛的以互联网为基础设施和创新要素的经济社会发展新形态，为大众创业、万众创新提供环境。

党的十八大以来，习近平总书记在不同场合谈过互联网工作。他指出，按照创新、协调、绿色、开放、共享的发展理念推动我国经济社会发展，是当前和今后一个时期我国发展的总要求和大趋势，我国网信事业发展要适应这个大趋势，在践行新发展理念上先行一步，推进网络强国建设，推动我国网信事业发展，让互联网更好造福国家和人民。

就目前而言，"互联网 +"发展势头迅猛，各领域对"互联网 +"都在积极尝试借助互联网平台增加效率和效益。比如，2016 年 9 月，国务院出台《关于加快推进"互联网 + 政务服务"工作的指导意见》，对加快推进"互联网 + 政务服务"工作作出总体部署。其目的就是通过大力推进"互联网 + 政务服务"，实现部门间数据共享，让居民和企业少跑腿、好办事、不添堵。"互联网 +"也正在促进更多互联网创业项目的诞生，而无须再耗费人力、物力及财力去研究与实施行业转型。在新一轮科技革命和产业变革中，互联网与各领域的融合发展具有广阔前景和无限潜力，已成为不可阻挡的时代潮流，正对我国经济社会发展产生着战略性和全局性的影响。

国家治理体系和治理能力现代化

表述

"明确全面深化改革总目标是完善和发展中国特色社会主义制度、推进国家治理体系和治理能力现代化。"[1]

解读

2013 年 12 月，党的十八届三中全会把完善和发展中国特色社会主义制度、推进国家治理体系和治理能力现代化作为全面深化改革的总目标。把推进国家治理体系和治理能力现代化作为全面深化改革的总目标，对于我国政治、经济、社会发展，具有重大而深远的意义。

纵观历史，不难发现，有效的国家治理涉及三个基本问题：谁治理、如何治理、治理得怎样。这三个问题实际上就是国家治理的三大要素，即治理主体、治理机制和治理效果。治理主体既包括领导干部，也包括群众百姓。政府治理、市场治理和社会治理是现代国家最重要的三个次级治理体系。治理效果既离不开制度的影响力，

---

① 习近平：《决胜全面建成小康社会 夺取新时代中国特色社会主义伟大胜利——在中国共产党第十九次全国代表大会上的报告》，人民出版社 2017 年版，第 19 页。

也受制于治理主体素质水平的高低。因为，纵使有最完备的治理体制机制，如果治理主体的素质低劣，国家的治理能力必定不强，社会也不可能有理想的善治。

习近平总书记指出："怎样治理社会主义社会这样全新的社会，在以往的世界社会主义中没有解决得很好。"党的十九大报告指出，"国家治理体系和治理能力有待加强。"因此，需要以全新的角度去思考解决国家治理问题。十八届三中全会《决定》指出，"到二〇二〇年，在重要领域和关键环节改革上取得决定性成果"，"形成系统完备、科学规范、运行有效的制度体系。"

推进国家治理体系和治理能力现代化，在二〇二〇年初步实现国家治理体系的现代化。第一，必须进一步解放思想，努力冲破不合时宜的旧观念的束缚。从有利于"促进公平正义、增进人民福祉"的新观念和新实践出发，破除束缚社会政治进步的体制机制。第二，加强顶层设计，从战略上谋划国家治理体系的现代化。充分解决好碎片化、短期行为、政出多门以及部门主义和地方主义等问题，从总体上考虑和规划各个领域的改革方案，从中央宏观层面加强对治理体制改革的领导和指导。第三，把国内外治理改革中好的经验和做法固定下来，进行推广。积极总结地方治理改革创新经验，及时将成熟的改革创新政策上升为法规制度，善于学习借鉴国外政府治理和社会治理的好经验，立足中国国情，大胆借用人类政治文明的一切优秀成果。第四，破除官本位观念，消除官本主义流毒。党的十八届三中全会《决定》正式把"破除官本位观念"列为改革的重要任务，可谓切中要害。破除权力崇拜，牢固树立公民权利至上的观念，通过制度来遏制官本位现象，维护公民的合法权益。

亚洲基础设施投资银行

表述

"要以创新思维办好亚洲基础设施投资银行和丝路基金。发起并同一些国家合作建立亚洲基础设施投资银行是要为'一带一路'有关沿线国家的基础设施建设提供资金支持，促进经济合作。"①

解读

亚洲基础设施投资银行，简称亚投行，是首个由我国倡议设立的区域性的、开放的多边金融机构，总部设在北京。目标是为了促进亚洲区域的建设互联互通化和经济一体化的进程，并且加强我国与其他亚洲国家和地区的合作。

2013 年 10 月，习近平总书记同印尼总统苏西洛会谈时，倡议筹建亚投行。2014 年 10 月，首批 22 个意向创始成员国代表签署了《筹建亚洲基础设施投资银行备忘录》。2015 年 6 月，50 个意向创始成员国代表共同签署《亚洲基础设施投资银行协定》，另外 7 个国家随后在年底前先后签署。2015 年 12 月，《亚洲基础设施投资银行协定》达到法定生效条件，亚投行正式宣告成立。2016 年 1 月，亚投行正式成立运营。

从开始只有 21 个发展中国家的支持到英国领衔、一批西方发达国家纷纷申请加入，最后全世界各大洲 57 个国家共襄盛举，表明了

---

① 习近平在中央财经领导小组第八次会议上的讲话，2014 年 11 月。

亚洲国家非常需要更大的基础设施投资，摆脱投资渠道单一的困境，来改善当地的基础设施水平，以促进未来经济发展。欧洲金融大国参与其中，既获得投资利润上的收益，也为亚投行的治理提供更好的参照和监督。

作为由中国首个倡议的多边金融机构，它体现了中国作为一个大国的国际责任和国际担当，是全球金融治理的增量改革。这充分表明，我国积极参与国际发展体系建设，承担更多国际责任、推动完善现有国际经济体系、提供国际公共产品的建设性举动，促进各方实现互利共赢。

中国制造 2025

表述

"制造业是我们的优势产业。要实施'中国制造 2025'，坚持创新驱动、智能转型、强化基础、绿色发展，加快从制造大国转向制造强国。"①

解读

制造业是立国之本、兴国之器、强国之基，是我国实体经济的主体和国民经济的支柱，是经济结构调整和产业转型升级的主战场。目前，我国制造业规模居世界前列，但制造业资源消耗大、自主创新能力不强等问题依然突出。经济规模大而不强，主要依靠资源等

---

① 李克强在十二届全国人大第三次会议所作的《政府工作报告》，2015 年 3 月 5 日。

要素投入推动经济增长和规模扩张的粗放型发展方式不可持续，转变经济发展方式刻不容缓。2015 年 5 月 8 日，国务院正式印发了《中国制造 2025》。

2017 年 3 月，习近平总书记在参加两会辽宁代表团审议时指出，不论经济发展到什么时候，实体经济都是我国经济发展、在国际经济竞争中赢得主动的根基。这为我国经济持续健康发展、不断增强国际竞争力指明了方向和路径。如何振兴实体经济？应当看到，制造业是实体经济的主体，振兴实体经济必须做大做强制造业。

坚持"创新驱动、质量为先、绿色发展、结构优化、人才为本"的基本方针，坚持"市场主导、政府引导，立足当前、着眼长远，整体推进、重点突破，自主发展、开放合作"的基本原则，通过"三步走"实现制造强国的战略目标：第一步，到 2025 年迈入制造强国行列；第二步，到 2035 年中国制造业整体达到世界制造强国阵营中等水平；第三步，到新中国成立一百年时，综合实力进入世界制造强国前列。

当前，中国正处于经济结构调整转型升级的关键期，而"中国制造 2025"则是助力中国经济转型、迈向创新社会的重要举措。"中国制造 2025"的提出，正是适应世界经济发展趋势和中国制造业发展要求的战略选择。加快建设制造强国，是顺应国内外制造业发展趋势的必然选择，是全面建成小康社会的内在要求，也是支撑我国从中等收入阶段向高收入阶段迈进的重要途径。美国《福布斯》杂志、西班牙《世界报》等海外媒体报道称，"中国制造 2025"将助力中国加强制造业创新，促进产业转型升级，成为"高科技天堂"。

新 时 代

表述

"经过长期努力，中国特色社会主义进入了新时代，这是我国发展新的历史方位。"①

解读

"新时代"，即不同于以往的时代。习近平总书记在党的十九大开幕式上庄严宣布，我国已进入新时代。这个词在党的十九大报告中出现了 35 次，出现频率极高，展现了以习近平同志为核心的党中央的信心和雄心。五年来，各项喜人数据以及国际地位的变化表明，我国已经进入一个新时代。

新时代是承前启后、继往开来，是决胜全面建成小康社会、进而全面建设社会主义现代化强国的时代。它具有三个内涵：一是近代以来久经磨难的中华民族迎来了从站起来、富起来到强起来的伟大飞跃，迎来了实现中华民族伟大复兴的光明前景；二是科学社会主义在 21 世纪的中国焕发出强大生机活力，在世界上高高举起了中国特色社会主义伟大旗帜；三是中国特色社会主义道路、理论、制度、文化不断发展，拓展了发展中国家走向现代化的途径，给世界上那些既希望加快发展又希望保持自身独立性的国家和民族提供了

---

① 习近平：《决胜全面建成小康社会 夺取新时代中国特色社会主义伟大胜利——在中国共产党第十九次全国代表大会上的报告》，人民出版社 2017 年版，第 10 页。

全新选择，为解决人类问题贡献了中国智慧和中国方案。

新时代是我们党对我国社会发展的历史方位作出的新判断。在这个阶段，我国的生产力发展达到了相当高的水平，中国特色社会主义已经完成了发展的阶段，开始向发展起来以后的方向迈进。要把这个新判断体现到未来的发展实践中，我们需要新的指导思想、新的理论武装，那就是新时代中国特色社会主义思想。以习近平新时代中国特色社会主义思想为指引，开拓创新，扎实开展经济社会发展和党的建设各项工作，不断迈出决胜全面建成小康社会，建设富强民主文明和谐美丽的社会主义现代化国家新步伐。

四 个 伟 大

表述

"伟大斗争、伟大工程、伟大事业、伟大梦想，紧密联系、相互贯通、相互作用，其中起决定作用的是党的建设新的伟大工程。"[1]

解读

1994 年党的十四届四中全会集中讨论了党的建设问题，把党的建设提到新的伟大工程的高度，提出了明确的目标和任务。

2007 年党的十七大报告提出"把推进中国特色社会主义伟大事业同推进党的建设新的伟大工程结合起来"，"两个伟大"首次并列出现。

---

[1] 习近平：《决胜全面建成小康社会 夺取新时代中国特色社会主义伟大胜利——在中国共产党第十九次全国代表大会上的报告》，人民出版社 2017 年版，第 17 页。

2012 年党的十八大报告中提出"必须准备进行具有许多新的历史特点的伟大斗争"这一历史性的重大论断。

2016 年党的十八届六中全会提出"进行具有许多新的历史特点的伟大斗争、推进党的建设新的伟大工程、推进中国特色社会主义伟大事业",首次将"三个伟大"并列提出。

2017 年习近平总书记"7·26"重要讲话将"伟大梦想"与"伟大斗争、伟大工程、伟大事业"放在一起,"四个伟大"正式明确提出。

党的十九大报告系统阐述了"四个伟大"紧密联系、相互贯通、相互作用的逻辑关系,完成了"四个伟大"的理论集成。

"四个伟大"是习近平总书记立足中国特色社会主义进入新时代这一新的历史方位概括出的中国共产党的历史使命。它作为重大的顶层设计,概括了当代中国最大的大局和最大的政治,揭示了我们党正在做的事情和将要做的事情,揭示了新时代我们党的政治理想和政治目标,具有覆盖全局、指导全局、引领全局的重要地位和重大作用。

"四个伟大"是指进行伟大斗争、建设伟大工程、推进伟大事业、实现伟大梦想。党的十九大报告指出,"伟大斗争、伟大工程、伟大事业、伟大梦想,紧密联系、相互贯通、相互作用,其中起决定性作用的是党的建设新的伟大工程。"伟大工程是政治保证,伟大斗争是抓手,伟大事业是基础,伟大梦想是归宿。

进行伟大斗争是指我们党要团结带领人民有效应对重大挑战、抵御重大风险、克服重大阻力、解决重大矛盾,必须进行具有许多新的历史特点的伟大斗争。着眼于"以什么样的精神状态"担负新时代的历史使命,解决"敢不敢干"的问题。进行伟大斗争要做到五个"更加自觉"：（1）更加自觉地坚持党的领导和我国社会主义制度，坚决反对一切削弱、歪曲、否定党的领导和我国社会主义制度的言行；（2）更加自觉地维护人民利益，坚决反对一切损害人民利益、脱离群众的行为；（3）更加自觉地投身于改革创新时代潮流，坚决破除一切顽瘴痼疾；（4）更加自觉地维护我国主权、安全、发展利益，坚决反对一切分裂祖国、破坏民族团结和社会和谐稳定的行为；（5）更加自觉地防范各种风险，坚决战胜一切在政治、经济、文化、社会等领域和自然界出现的困难和挑战。

建设伟大工程就是我们党正在深入推进的党的建设新的伟大工程。着眼于"以什么样的主体力量"担负新时代的历史使命，解决"什么样的人领着干"的问题。我们党要始终成为时代先锋、民族脊梁，始终成为马克思主义执政党，自身必须始终过硬。建设伟大工程，要更加自觉地坚定党性原则，不断增强党的政治领导力、思想引领力、群众组织力、社会号召力，把党建设得更加坚强有力。建设伟大工程，要结合伟大斗争、伟大事业、伟大梦想的实践进行，确保党始终走在时代前列、始终成为全国人民的主心骨、始终成为坚强领导核心。

推进伟大事业就是坚持和推进中国特色社会主义的理论和实践，着眼于担负新时代的历史使命过程中"举什么旗，走什么路"，解决"如何干"的问题。（1）中国特色社会主义道路是实现社会主义现代化、创造人民美好生活的必由之路；（2）中国特色社会主义理论体系是指导党和人民实现中华民族伟大复兴的正确理论；（3）中国特色社会主义制度是当代中国发展进步的根本制度保障；（4）中国特色社会主义文化是激励全党全国各族人民奋勇前进的强大精神力量。全党要更加自觉地增强道路自信、理论自信、制度自信、文化自信，既不走封闭僵化的老路，也不走改旗易帜的邪路，保持政治定力，坚持实干兴邦，始终坚持和发展中国特色社会主义。

实现伟大梦想是指实现中华民族伟大复兴的中国梦。着眼于担负的新时代历史使命"是什么样的"，解决"干成什么"的问题。具体为：从现在到 2020 年，是全面建成小康社会的决胜期。从 2020 年到 2035 年，在全面建成小康社会的基础上，再奋斗十五年，基本实现社会主义现代化。从 2035 年到本世纪中叶，在基本实现现代化的基础上，再奋斗十五年，把我国建成富强民主文明和谐美丽的社会主义现代化强国。

四 个 自 信

表述

"全党要更加自觉地增强道路自信、理论自信、制度自信、文化自信，既不走封闭僵化的老路，也不走改旗易帜的邪路，保持政治定力，坚持实干兴邦，始终坚持和发展中国特色社会主义。"[1]

解读

党的十八大报告谈及"坚持和发展中国特色社会主义"时，首次提出要有"道路自信、理论自信、制度自信"。

2014 年 2 月 24 日，习近平总书记在中央政治局第十三次集体学习

① 习近平：《决胜全面建成小康社会 夺取新时代中国特色社会主义伟大胜利——在中国共产党第十九次全国代表大会上的报告》，人民出版社 2017 年版，第 17 页。

中提出要"增强文化自信和价值观自信"。之后的两年间，又对此有过多次论述："增强文化自觉和文化自信，是坚定道路自信、理论自信、制度自信的题中应有之义。""中国有坚定的道路自信、理论自信、制度自信，其本质是建立在5000多年文明传承基础上的文化自信。"

2016年5月和6月，习近平又连续两次对"文化自信"加以强调，指出"我们要坚定中国特色社会主义道路自信、理论自信、制度自信，说到底是要坚持文化自信"；要引导党员特别是领导干部"坚定中国特色社会主义道路自信、理论自信、制度自信、文化自信"。

2016年7月1日，习近平总书记在庆祝中国共产党成立95周年大会上的讲话中指出，"坚持不忘初心、继续前进，就要坚持中国特色社会主义道路自信、理论自信、制度自信、文化自信，坚持党的基本路线不动摇，不断把中国特色社会主义伟大事业推向前进。"至此，文化自信成为继道路自信、理论自信和制度自信之后，中国特色社会主义的"第四个自信"。

文化自信是基础和源泉。习近平总书记强调，"文化自信，是更基础、更广泛、更深厚的自信"。文化自信是道路自信、理论自信、制度自信的精神支撑与心理基石，构成道路自信、理论自信、制度自信的精神基因，也是一切自信的源泉和根基。

理论自信是灵魂。对中国特色社会主义理论的自信，实质和核心是对科学的自信、对真理的自信、对价值的自信、对科学社会主义客观逻辑的自信。因此，它是中华民族自信的灵魂，是构成道路自信、制度自信、文化自信的理性基石与价值支撑。

制度自信是根本。中国特色社会主义制度是当代中国发展进步的根本制度保障。中国特色社会主义制度自信来源于它是植根于中华文化沃土、反映中国人民意愿、汲取人类文明优秀成果、适应中国和时代发展进步要求、有着深厚历史渊源和广泛现实基础的制度创新，来源于它的明显制度优势，也来源于马克思主义理想信念与社会主义价值自信。

道路自信是表征。道路自信来源于文化自信，根植于理论自信，从属并直接服务于制度自信，也是理论自信、制度自信、文化自信的现实表征。中国特色社会主义道路使中国人民走上了繁荣富强的社会主义现代化道路，开辟了实现中华民族伟大复兴的光明前景，这奠定了道路自信的坚实基础，是完全值得肯定与自信的道路。

中国特色社会主义道路自信、理论自信、制度自信和文化自信是一个有机整体。中国特色社会主义道路是实现途径，中国特色社会主义理论体系是行动指南，中国特色社会主义制度是根本保障，中国特色社会主义文化是精神力量，它们统一于中国特色社会主义伟大实践。要进一步坚定"四个自信"，顺利推进"四个伟大"征途，决胜全面建成小康社会，开启全面建设社会主义现代化国家新征程。

政 治 定 力

表述

"全党要更加自觉地增强道路自信、理论自信、制度自信、文化自信，既不走封闭僵化的老路，也不走改旗易帜的邪路，保持政治定力，坚持实干兴邦，始终坚持和发展中国特色社会主义。"①

---

① 习近平：《决胜全面建成小康社会 夺取新时代中国特色社会主义伟大胜利——在中国共产党第十九次全国代表大会上的报告》，人民出版社2017年版，第17页。

解读

　　政治定力，就是在思想上政治上排除各种干扰、消除各种困惑，坚持正确立场、保持正确方向的能力。在新时代，党员干部的政治定力主要表现为毫不动摇地坚持马克思主义和共产主义信仰，坚持中国特色社会主义，坚决与各种错误思想、错误行为作斗争，能够经受住各种政治考验。衡量一个领导干部的价值尺度，不仅在于他的能力，更在于不为风浪所动的定力，保持政治定力是提升领导干部个人修养和从政能力的首要课题。

　　政治定力的提出过程。2012 年 11 月，在党的十八届一中全会上，习近平总书记对新一届中央领导集体讲话时首次提出"政治定力"。他指出，我们必须始终保持对马克思主义的坚定信仰、对共产主义和中国特色社会主义的坚定信念，以此来增强政治定力和政治敏锐性，以此来提高抵御各种风险和经受住各种考验的能力。

　　2013 年 6 月，习近平总书记在全国组织工作会议上指出，和平建设时期检验一个干部理想信念是否坚定，主要看干部是否能在重大政治考验面前有政治定力。

　　2013 年 12 月，在纪念毛泽东同志诞辰 120 周年座谈会上，习近平总书记把"增强政治定力"与"增强道路自信、理论自信、制度自信"并列提出。

　　2016 年 7 月 1 日，在庆祝中国共产党成立 95 周年大会上，习近平总书记指出，我们要把理想信念教育作为思想建设的战略任务，保持全党在理想追求上的政治定力，自觉做共产主义远大理想和中国特色社会主义共同理想的坚定信仰者、忠实实践者。

　　政治定力源于信仰。政治定力强不强首先要看理想信念是否坚定。习近平总书记指出，"理想信念就是共产党人精神上的'钙'，没有理想信念，理想信念不坚定，精神上就会'缺钙'，就会得'软骨病'。"党员、领导干部增强政治定力要在精神上"补钙"，要认真学习马克思主义经典理论和新时代中国特色社会主义思想，使之成为坚定理想的"主心骨"、牢固信念的"压舱石"，真正坚定对马克思主义的信仰，坚定对社会主义和共产主义的信念，保持共产党人的政治本色。

政治定力说到底是党性问题。习近平总书记曾指出，"坚强的党性，是成为高素质领导干部的首要条件。"他同时指出："守纪律讲规矩是对党员、干部党性的重要考验，也是对党员、干部对党忠诚度的重要检验。"如果规矩不能立起来、严起来，很多问题就会慢慢衍生出来。党员、领导干部要从树立纪律意识、规矩意识做起，严格遵守国家法律、党规党纪以及党在长期实践中形成的优良传统和工作惯例。要从党性品格修起，时刻牢记自己的第一身份是共产党员，第一职责是为党工作，在党爱党，在党为党，在党忧党，始终与党同心同德。要从执行制度规矩严起，一切按原则按制度按程序履职尽责，坚持高标准、严要求，切实让制度、纪律成为带电的"高压线"，真正做到心存敬畏、手握戒尺、行有所止。

政治定力是严以律己的内心自觉。党员、领导干部不论职务高低、权力大小，一定要增强抵御诱惑、守住底线、廉洁自律的定力。要树立政治纪律和政治规矩的意识，始终保持清醒坚定的政治立场，模范遵守党章，坚决维护纪律，在政治上讲忠诚、在组织上讲纪律、在行动上讲原则，做对党忠诚的老实人、守规矩的带头人、清正廉洁的干净人。要保持涵养心态，用平和、淡泊、知足和敬畏之心对待"名、利、位、权"，用珍惜、感恩和进取之心对事业、对组织、对群众，始终保持心境淡定、心态平和。从小事做起，从细节严起，做到慎细微、慎独处、慎身边，净化朋友圈、生活圈，管好家人、身边人，不存私心、不谋私利、不徇私情，做一名组织放心、群众称心、自己安心的好党员、好干部。

以人民为中心

表述

"坚持以人民为中心。人民是历史的创造者，是决定党和国家前途命运的根本力量。必须坚持人民主体地位，坚持立党为公、执政为民，践行全心全意为人民服务的根本宗旨，把党的群众路线贯彻到治国理政全部活动之中，把人民对美好生活的向往作为奋斗目标，依靠人民创造历史伟业。"①

解读

以人民为中心的发展思想是党的十八届五中全会首次提出来的，体现了我们党全心全意为人民服务的根本宗旨，体现了人民是推动发展的根本力量的唯物史观。

"治国有常，而利民为本。"以人民为中心的发展思想的内涵主要体现在：一是发展的目的是为了实现人的全面发展；二是发展的

---

① 习近平：《决胜全面建成小康社会 夺取新时代中国特色社会主义伟大胜利——在中国共产党第十九次全国代表大会上的报告》，人民出版社 2017 年版，第 21 页。

实质是人民的现代化；三是发展的本质是人民实现自由的扩展；四是发展的根本动力来自人民；五是发展依靠党的坚强领导。习近平总书记"以人民为中心的发展思想"，既集大成，又自成体系；既解决当前突出的问题，又着眼于大局有利于长远发展，极大地丰富了中国特色社会主义理论体系的内涵，又为世界发展提供了"中国思想"。

党的十九大报告中提到"人民"一词多达 201 处，报告提出要"把人民利益摆在至高无上的地位"。坚持以人民为中心，必须坚持人民主体地位，坚持立党为公、执政为民，践行全心全意为人民服务的根本宗旨，把党的群众路线贯彻到治国理政全部活动中，把人民对美好生活的向往作为奋斗目标，依靠人民创造历史伟业。坚持以人民为中心的发展思想，必须体现在经济社会发展各个环节。一是要坚持人民主体地位，顺应人民群众对美好生活的向往，不断实现好、维护好、发展好最广大人民根本利益，做到发展为了人民、发展依靠人民、发展成果由人民共享。二是要通过深化改革、创新驱动，提高经济发展质量和效益，生产出更好更多的物质精神产品，不断满足人民日益增长的物质文化需要。三是要全面调动人民的积极性、主动性、创造性，为各行业各方面的劳动者、企业家、创新人才、各级干部创造发挥作用的舞台和环境。四是要坚持社会主义基本经济制度和分配制度，调整收入分配格局，完善以税收、社会保障、转移支付等为主要手段的再分配调节机制，维护社会公平正义，解决好收入差距问题，使发展成果更多更公平地惠及全体人民。

坚持党对一切工作的领导

表述

"坚持党对一切工作的领导。党政军民学，东西南北中，党是领导一切的。"①

解读

1942年9月1日，中共中央通过《关于统一抗日根据地党的领导及调整各组织间关系的决定》，强调党的领导的一元化，指出"党是无产阶级的先锋队和无产阶级组织的最高形式，它应该领导一切其他组织"。这是党的正式文件中最早出现关于"党领导一切"的提法。

1954年9月15日，毛泽东同志在中华人民共和国第一届全国人民代表大会第一次会议开幕式讲话中明确指出，"领导我们事业的核心力量是中国共产党"。

1962年1月30日，毛泽东同志在扩大的中央工作会议上指出："工、农、商、学、兵、政、党这七个方面，党是领导一切的。党要领导工业、农业、商业、文化教育、军队和政府。"

1973年12月，毛泽东同志在主持召开的政治局会议上说："政治局是管全部的，党政军民学、东西南北中。"毛泽东同志同时认为，所谓"党领导一切"，并不等于包揽一切，仅仅是指政权、军队、民众团体等组织接受党的政治领导，领导一切是指大政方针的

---

① 习近平：《决胜全面建成小康社会 夺取新时代中国特色社会主义伟大胜利——在中国共产党第十九次全国代表大会上的报告》，人民出版社2017年版，第20页。

领导，不是具体事务上的包揽一切。

在战争年代、新中国成立初期以及探索社会主义建设的特殊政治环境下，党实行对一切工作的统一领导，为集中一切资源夺取革命和建设胜利发挥了积极作用。但由于受"左"倾错误思想的影响，"党领导一切"逐渐演变为"党管一切"，国家政治、经济、文化、社会等各个领域都被囊括在党的全面掌管之下，出现了一系列弊端，引发一系列负面效应。

党的十一届三中全会强调："在党的一元化领导之下，认真解决党政企不分、以党代政、以政代企的现象"。

1982年9月召开的党的十二大在政治报告和党章中不再提"党领导一切"，并对"党的领导"作出限定："党的领导主要是政治、思想和组织的领导。"

1987年9月召开的党十三大在政治报告中对党的领导进一步作出新概括："党的领导是政治领导，即政治原则、政治方向、重大决策和向国家权力机关推荐重要干部。"

邓小平同志提出了改革党和国家领导制度的设想："为了坚持党的领导，必须努力改善党的领导。"而"改善党的领导"并"不是要削弱党的领导，涣散党的纪律，而正是为了坚持和加强党的领导，坚持和加强党的纪律。"

2000年1月，江泽民同志在中纪委第四次全体会议上发表重要讲话，再次重申了"工农兵学商，党是领导一切的"的思想，他指出：中国共产党是领导建设有中国特色社会主义伟大事业的核心力量。工农兵学商，党是领导一切的。当今中国的事情办得怎么样，关键取决于我们党，取决于党的思想、作风、纪律、组织状况和战斗能力、领导水平。

2016 年 1 月 7 日，习近平总书记主持召开中央政治局常务委员会会议时指出："党政军民学，东西南北中，党是领导一切的。"

党的领导是中国特色社会主义的本质特征。党的领导核心作用，主要是把握方向、谋划全局、提出战略、制定政策、深化改革、推动立法、营造良好环境，这是保持经济社会持续健康发展的坚强政治保证。毛泽东指出："中国共产党是全中国人民的领导核心。没有这样一个核心，社会主义事业就不能胜利。"习近平指出："中国共产党是中国特色社会主义事业的领导核心，处在总揽全局、协调各方的地位。"

《中国共产党章程》规定："中国共产党是中国工人阶级的先锋队，同时是中国人民和中华民族的先锋队，是中国特色社会主义事业的领导核心，代表中国先进生产力的发展要求，代表中国先进文化的前进方向，代表中国最广大人民的根本利益。"

党对国家的领导主要通过政治领导、思想领导、组织领导来实现。党的政治领导就是党对国家的政治原则、政治方向、重大决策的领导和向国家政权机关推荐重要干部。党的政治领导主要通过制定和贯彻政治路线来实现。党的思想领导就是要使党的理论被群众所掌握。党的组织领导就是建立健全党的组织，培养、选拔、使用和监督党员干部，发挥党员的先锋模范作用，通过各级党组织和党员干部以及全体党员的工作，保证党的路线、方针、政策的实施，从而实现党对国家的各个领域，各个部门，各种组织的统一领导。

党的领导目的是为人民服务。习近平总书记指出："中国共产党坚持执政为民，人民对美好生活的向往就是我们的奋斗目标。我的执政理念，概括起来说就是：为人民服务，担当起该担当的责任。"党的领导是中国最大的优势。党能够站在统筹全局的高度，进行总体布局和战略布局，顺应经济社会发展规律，对经济社会发展作出全面的、科学的、长远的规划，为经济社会发展指明正确方向。党能够统筹各方面力量、兼顾各方面利益，形成全国一盘棋，从全局和长远角度谋划经济社会发展和进行生产力布局，确保城乡区域平衡发展，确保全体人民实现共同富裕。

健全人民当家作主制度体系

表述

"健全人民当家作主制度体系，发展社会主义民主政治。"①

解读

人民当家作主是社会主义民主政治的本质和核心。人民民主是我们党始终高举的旗帜，社会主义政治文明是我们党始终不渝的追求。2014 年 9 月 5 日，习近平总书记在庆祝全国人民代表大会成立60 周年大会上指出："人民民主是社会主义的生命。没有民主就没有社会主义，就没有社会主义的现代化，就没有中华民族伟大复兴。"社会主义愈发展，民主也愈发展。在前进道路上，要坚定不移走中国特色社会主义政治发展道路，继续推进社会主义民主政治建设、发展社会主义政治文明。

实现人民当家作主是共产党人矢志不渝的初心和历史使命。中国共产党从成立之日起，就以实现人民当家作主为己任，团结带领

① 习近平：《决胜全面建成小康社会 夺取新时代中国特色社会主义伟大胜利——在中国共产党第十九次全国代表大会上的报告》，人民出版社 2017 年版，第 35 页。

中国人民进行长期不懈的斗争。新中国成立开辟了中国人民当家作主的历史新纪元。在党的领导下，社会主义民主政治表现出了巨大的优越性。

我国社会主义民主是维护人民根本利益的最广泛、最真实、最管用的民主。发展社会主义民主政治就是要体现人民意志、保障人民权益、激发人民创造活力，用制度体系保证人民当家作主。健全人民当家作主制度体系的做法包括：坚持党的领导、人民当家作主、依法治国有机统一；加强人民当家作主制度保障；发挥社会主义协商民主重要作用；深化依法治国实践；深化机构和行政体制改革；巩固和发展爱国统一战线。

社会主义核心价值体系

表述

"坚持社会主义核心价值体系。文化自信是一个国家、一个民族发展中更基本、更深沉、更持久的力量。必须坚持马克思主义，牢固树立共产主义远大理想和中国特色社会主义共同理想，培育和践行社会主义核心价值观，不断增强意识形态领域主导权和话语权，推动中华优秀传统文化创造性转化、创新性发展，继承革命文化，发展社会主义先进文化，不忘本来、吸收外来、面向未来，更好构筑中国精神、中国价值、中国力量，为人民提供精神指引。"[1]

---

[1] 习近平：《决胜全面建成小康社会 夺取新时代中国特色社会主义伟大胜利——在中国共产党第十九次全国代表大会上的报告》，人民出版社 2017 年版，第 23 页。

🔖 解读

2006 年 10 月，党的十六届六中全会通过的《中共中央关于构建社会主义和谐社会若干重大问题的决定》，第一次明确提出了"建设社会主义核心价值体系"这个重大命题和战略任务。明确提出了社会主义核心价值体系的内容，并指出社会主义核心价值观是社会主义核心价值体系的内核。

2007 年，胡锦涛同志在"6·25"重要讲话中强调，要大力建设社会主义核心价值体系，巩固全党全国人民团结奋斗的共同思想基础。

2007 年 10 月，党的十七大进一步指出了"社会主义核心价值体系是社会主义意识形态的本质体现。"

2011 年 10 月，党的十七届六中全会强调，社会主义核心价值体系是"兴国之魂"，建设社会主义核心价值体系是推动文化大发展大繁荣的根本任务。提炼和概括出简明扼要、便于传播践行的社会主义核心价值观，对于建设社会主义核心价值体系具有重要意义。

2012 年 11 月，党的十八大报告明确提出"三个倡导"，即"倡导富强、民主、文明、和谐，倡导自由、平等、公正、法治，倡导爱国、敬业、诚信、友善，积极培育和践行社会主义核心价值观"，这是对社会主义核心价值观的最新概括。

2013 年 12 月，中共中央办公厅印发《关于培育和践行社会主义核心价值观的意见》，明确提出，以"三个倡导"为基本内容的社会主义核心价值观，与中国特色社会主义发展要求相契合，与中华优秀传统文化和人类文明优秀成果相承接，是我们党凝聚全党全社会价值共识作出的重要论断。

社会主义核心价值体系包括四个方面的基本内容，即马克思主义指导思想、中国特色社会主义共同理想、以爱国主义为核心的民族精神和以改革创新为核心的时代精神、社会主义荣辱观。

马克思主义指导思想，是社会主义核心价值体系的灵魂。我们是社会主义国家，马克思主义是我们立党立国的根本指导思想，是社会主义意识形态的旗帜。它为我们提供了科学的世界观和方法论，决定着社会主义核心价值体系的性质和方向。

中国特色社会主义共同理想，是社会主义核心价值体系的主题。这一共同理想，就是在中国共产党的领导下，走中国特色社会主义道路，实现中华民族的伟大复兴。中国特色社会主义共同理想，是当代中国发展进步的旗帜，是动员、激励全国各族人民团结奋斗的旗帜。它反映了我国最广大人民的根本利益、共同愿望和普遍追求，既实在具体又鼓舞人心，它把国家的发展、民族的振兴与个人的幸福紧密联系在一起，把各个阶层、各个群体的共同愿望有机结合在一起，具有强大的感召力、亲和力、凝聚力。

民族精神和时代精神，是社会主义核心价值体系的精髓。它是一个民族赖以生存和发展的精神支撑。在五千多年历史演进中，中华民族形成了以爱国主义为核心的团结统一、爱好和平、勤劳勇敢、自强不息的伟大民族精神；在改革开放新时期，中华民族形成了勇于改革、敢于创新的时代精神。二者相辅相成、相互交融，已深深熔铸在中华民族的生命力、创造力和凝聚力之中，共同构成中华民族自立自强的精神品格，成为推动中华民族伟大复兴的精神动力。

社会主义荣辱观，是社会主义核心价值体系的基础。以"八荣八耻"为主要内容的社会主义荣辱观，概括精辟、内涵深刻，贯穿社会生活各个领域，覆盖各个利益群体，涵盖了人生态度、社会风尚的方方面面，为人们在社会主义市场经济条件下判断行为得失、作出道德选择、确定价值取向，提供了基本规范。

社会主义核心价值观是社会主义核心价值体系的内核，体现社会主义核心价值体系的根本性质和基本特征，反映社会主义核心价值体系的丰富内涵和实践要求，是社会主义核心价值体系的高度凝练和集中表达。党的十八大提出，"倡导富强、民主、文明、和谐，倡导自由、平等、公正、法治，倡导爱国、敬业、诚信、友善，积极培育和践行社会主义核心价值观。"其中，"富强、民主、文明、和谐"，是我国社会主义现代化国家的建设目标，也是从价值目标层面对社会主义核心价值观基本理念的凝练；"自由、平等、公正、法治"，是对美好社会的生动表述，也是从社会层面对社会主义核心价值观基本理念的凝练；"爱国、敬业、诚信、友善"，是公民基本道德规范，是从个人行为层面对社会主义核心价值观基本理念的凝练。

社会主义核心价值体系是社会主义中国的精神旗帜，进一步揭示和确立了我国社会主义意识形态、价值体系的基石和支柱。坚持社会主义核心价值体系，就是毫不动摇地坚守我国社会主义的意识形态，从而更好地构筑中国精神、中国价值、中国力量，为人民提供精神指引。

总体国家安全观

表述

"坚持总体国家安全观。必须坚持国家利益至上，以人民安全为宗旨，以政治安全为根本，统筹外部安全和内部安全、国土安全和国民安全、传统安全和非传统安全、自身安全和共同安全，完善国家安全制度体系，加强国家安全能力建设，坚决维护国家主权、安全、发展利益。"①

解读

在党的十八届三中全会上，习近平总书记对我国国家安全形势的概括是：当前，我国面临对外维护国家主权、安全、发展利益，对内维护政治安全和社会稳定的双重压力，各种可以预见和难以预见的风险因素明显增多。

2014年4月15日，习近平总书记在中央召开的第一次国家安全委员会会议上提出，要准确把握国家安全形势变化新特点新趋势，坚持总体国家安全观，走出一条中国特色国家安全道路。

习近平总书记指出，当前我国国家安全内涵和外延比历史上任何时候都要丰富，时空领域比历史上任何时候都要宽广，内外因素比历史上任何时候都要复杂，必须坚持总体国家安全观。习近平总书记强调，要构建集政治安全、国土安全、军事安全、经济安全、文化安全、社会安全、科技安全、信息安全、生态安全、资源安全、核安全等多方面于一体的国家安全体系。

总体国家安全观以人民安全为宗旨，以政治安全为根本，以经济安全为基础，以军事、文化、社会安全为保障，以促进国际安全为依托。既重视外部安全，又重视内部安全；既重视国土安全，又重视国民安全；既重视传统安全，又重视非传统安全；既重视发展问题，又重视安全问题；既重视自身安全，又重视共同安全。这对维护中国国家安全以至推进世界和平与发展都具有重大而深远的意

① 习近平：《决胜全面建成小康社会 夺取新时代中国特色社会主义伟大胜利——在中国共产党第十九次全国代表大会上的报告》，人民出版社2017年版，第24页。

义，是新时代中国特色国家安全思想，是指导新时代中国特色国家安全工作的重要指南。

加强在总体国家安全观指导下的国家安全体系建设。一是成立了中央国家安全委员会，强化总体国家安全工作的领导体制。二是制定了新的《中华人民共和国国家安全法》，加强总体国家安全体系的法治建设。三是加强对涉及国家安全重点领域的防护能力，总体国家安全体系建设取得了新进展。自党的十八大以来，中国国家安全工作取得显著成效，从"完善立体化社会治安防控体系"到"落实网络安全责任制"；从"加快推进国防和军队现代化建设"到"打造核安全命运共同体"，构建国家安全体系工作正从各领域全面展开，总体国家安全观在实践层次得到了具体落实。

军民融合发展战略

表述

"深入实施军民融合发展战略，努力开创强军兴军新局面。"①

解读

2015 年 3 月 12 日，习近平总书记在出席十二届全国人大三次会议解放军代表团全体会议时强调，深入实施军民融合发展战略，努力开创强军兴军新局面。这是军民融合发展战略首次提出。

---

① 习近平：在出席十二届全国人大三次会议解放军代表团全体会议时提出，2015 年 3 月 12 日。

2017 年 6 月 20 日，习近平总书记主持召开中央军民融合发展委员会第一次全体会议。会议审议通过了《中央军民融合发展委员会工作规则》《中央军民融合发展委员会办公室工作规则》《中央军民融合发展委员会近期工作重点》和《省（区、市）军民融合发展领导机构和工作机构设置的意见》。会议强调，各省（区、市）要加快设置军民融合发展领导机构，完善职能配置和工作机制，为贯彻落实党中央决策部署提供坚强组织保障。

中共中央政治局 2017 年 1 月 22 日召开会议，决定设立中央军民融合发展委员会，由习近平任主任。中央军民融合发展委员会是中央层面军民融合发展重大问题的决策和议事协调机构，统一领导军民融合深度发展。

所谓军民融合指的就是把国防和军队的建设深深地融入到经济和社会的发展体系之中，从而使两大建设能够协调发展、平衡发展、兼容发展。军民融合发展战略，是通过体制机制的改革和法规制度的调整，来进一步扩大军民融合的广度和深度，从而最终形成同时满足军需和民用一体化的国家经济技术基础的一种发展方式和过程，最终的目标就是要实现军民的一体化发展。

军民融合发展战略是我们党长期探索经济建设和国防建设协调发展规律的重大成果，是从国家发展和安全全局出发作出的重大决策，是应对复杂安全威胁、赢得国家战略优势的重大举措。推进军民融合发展，有利于促进经济发展方式转变和经济结构调整，有利于增强国家战争潜力和国防实力。在军民融合深度发展方面，军队要服从整个的国家布局，国家布局要充分考虑国防建设。军队要遵循国防经济规律和信息化条件下战斗力建设规律，自觉将国防和军队建设融入国家经济社会发展体系。地方要注重在经济建设中贯彻国防需求，自觉把经济布局调整同国防布局完善有机结合起来。

新型国际关系

表述

"中国将高举和平、发展、合作、共赢的旗帜，恪守维护世界和平、促进共同发展的外交政策宗旨，坚定不移在和平共处五项原则基础上发展同各国的友好合作，推动建设相互尊重、公平正义、合作共赢的新型国际关系。"①

解读

2013 年 3 月，习近平主席在俄罗斯的莫斯科国际关系学院演讲时提出："面对国际形势的深刻变化和世界各国同舟共济的客观要求，各国应该共同推动建立以合作共赢为核心的新型国际关系，各国人民应该一起来维护世界和平、促进共同发展。"这是"新型国际关系"这一概念的首次提出。

2015 年 9 月，习近平主席在纽约联合国总部出席第七十届联合国大会一般性辩论时指出："当今世界，各国相互依存、休戚与共。我们要继承和弘扬联合国宪章的宗旨和原则，构建以合作共赢为核心的新型国际关系，打造人类命运共同体。"

新型国际关系的内涵包括：推动建设相互尊重、公平正义、合作共赢的新型国际关系。(1) 相互尊重。强调无论国家大小、强弱、

---

① 习近平：《决胜全面建成小康社会 夺取新时代中国特色社会主义伟大胜利——在中国共产党第十九次全国代表大会上的报告》，人民出版社 2017 年版，第 58 页。

贫富，一律平等，相互尊重对方的领土主权完整和政治制度，尊重彼此的核心利益和战略关切。相互尊重是新型国际关系的前提和基础。（2）公平正义。强调国家无论大小都要公平对待，公道处事，恪守国家法治原则和国际关系准则，坚决反对把自己的意志强加于人，反对干涉别国内政，反对一切形式的以大压小、以强凌弱和霸权主义及强权政治。公平正义是新型国际关系的秩序保障。（3）合作共赢。强调共同发展，利益共享，中国决不会以牺牲别国利益为代价来发展自己，致力于建立更加平等均衡的新型全球发展伙伴关系。合作共赢是新型国际关系的目标和结果体现。

新型国际关系要求摒弃结盟对抗的旧思维，跨越意识形态和地缘政治的隔阂，打造"对话不对抗、结伴不结盟"的国家关系，是对传统国际关系理念的创新与超越，为国际事务提供具有中国智慧的解题思路。

新型国际关系的提出充分体现了中国是世界和平的建设者、全球发展的贡献者、国际秩序的维护者，具有鲜明的中国特色与时代特征，代表着当今世界发展的方向，有着强大的生命力和广阔的前景。构建新型国际关系是中国特色大国外交的主旋律，也必将成为未来较长一段时期内中国外交的重要任务。

全面建成小康社会决胜期

表述

"从现在到二〇二〇年，是全面建成小康社会决胜期。要按照十六大、十七大、十八大提出的全面建成小康社会各项要求，紧扣我国社会主要矛盾变化，统筹推进经济建设、政治建设、文化建设、社会建设、生态文明建设，坚定实施科教兴国战略、人才强国战略、创新驱动发展战略、乡村振兴战略、区域协调发展战略、可持续发展战略、军民融合发展战略，突出抓重点、补短板、强弱项，特别是要坚决打好防范化解重大风险、精准脱贫、污染防治的攻坚战，使全面建成小康社会得到人民认可、经得起历史检验。"①

解读

党的十八大报告首次正式提出全面"建成"小康社会。党的十九大报告提出，从现在到 2020 年是全面建成小康社会的决胜期。全面建成小康社会是社会主义现代化进程中的一座重要里程碑，将为开启全面建设社会主义现代化国家新征程奠定坚实的基础。

全面建成小康社会决胜期的目标要求。经济保持中高速增长，在提高发展平衡性、包容性、可持续性的基础上，到 2020 年国内生产总值和城乡居民人均收入比 2010 年翻一番，产业迈向中高端水平，消费对经济增长贡献明显加大，户籍人口城镇化率加快提高。农业现代化取得明显进展，人民生活水平和质量普遍提高，我国现行标准下农村贫困人口实现脱贫，贫困县全部摘帽，解决区域性整体贫困。国民素质和社会文明程度显著提高。生态环境质量总体改善，各方面制度更加成熟更加定型，国家治理体系和治理能力现代化取得重大进展。

从现在起到 2020 年，是全面建成小康社会的决胜期，也是最后

---

① 习近平：《决胜全面建成小康社会 夺取新时代中国特色社会主义伟大胜利——在中国共产党第十九次全国代表大会上的报告》，人民出版社 2017 年版，第 27 − 28 页。

冲刺期，必须打好三大攻坚战：守住不发生系统性金融风险的底线；确保到 2020 年我国现行标准下农村贫困人口实现脱贫，贫困县全部摘帽，解决区域性整体贫困，做到脱真贫、真脱贫；加强污染防治，改善生态环境。

"两个一百年"奋斗目标的历史交汇期

表述

"从十九大到二十大，是'两个一百年'奋斗目标的历史交汇期。我们既要全面建成小康社会、实现第一个百年奋斗目标，又要乘势而上开启全面建设社会主义现代化国家新征程，向第二个百年奋斗目标进军。"①

解读

党的十五大报告首次提出"两个一百年"奋斗目标。具体内容为：第一个一百年，是到中国共产党成立 100 年时（2021 年）全面建成小康社会；第二个一百年，是到新中国成立 100 年时（2049 年）建成富强、民主、文明、和谐的社会主义现代化国家。

历史交汇期对于党和国家的发展具有非凡的意义，在交互期的这五年，我们将经历和见证一系列重大标志性事件。

2018 年中国将迎来改革开放 40 周年。改革开放是决定当代中国

---

① 习近平：《决胜全面建成小康社会 夺取新时代中国特色社会主义伟大胜利——在中国共产党第十九次全国代表大会上的报告》，人民出版社 2017 年版，第 28 页。

命运的关键一招，40 年的改革开放使中国人民生活实现了小康，逐步富裕起来了。我国将总结经验、乘势而上，继续推进国家治理体系和治理能力现代化，坚定不移深化各方面改革，坚定不移扩大开放，使改革和开放相互促进、相得益彰。

2019 年将迎来中华人民共和国成立 70 周年。我国将贯彻新发展理念，推动中国经济持续健康发展，惠及中国人民和各国人民。将继续落实好"十三五"规划确定的各项任务，并对未来发展作出新的规划，推动各项事业全面发展，把我们的中华人民共和国建设得更加繁荣富强。

2020 年将全面建成小康社会。举全党全国之力，坚决完成脱贫攻坚任务。坚持以人民为中心的发展思想，努力抓好保障和改善民生各项工作，不断增强人民的获得感、幸福感、安全感，不断推进全体人民共同富裕。

2021 年将迎来中国共产党成立 100 周年。实践充分证明，中国共产党能够带领人民进行伟大的社会革命，也能够进行伟大的自我革命。我们要永葆蓬勃朝气，永远做人民公仆、时代先锋、民族脊梁。全面从严治党永远在路上，不能有任何喘口气、歇歇脚的念头。我们将继续清除一切侵蚀党的健康肌体的病毒，大力营造风清气正的政治生态，以全党的强大正能量在全社会凝聚起推动中国发展进步的磅礴力量。

2020 年将召开中共二十大。全面开启第二个一百年的崭新奋斗历程。

精 准 扶 贫

表述

"要动员全党全国全社会力量，坚持精准扶贫、精准脱贫，坚持中央统筹省（自治区）负总责市县抓落实的工作机制，强化党政一把手负总责的责任制，坚持大扶贫格局，注重扶贫同扶志、扶智相结合，深入实施东西部扶贫协作，重点攻克深度贫困地区脱贫任务，确保到二〇二〇年我国现行标准下农村贫困人口实现脱贫，贫困县全部摘帽，解决区域性整体贫困，做到脱真贫、真脱贫。"[①]

解读

2013 年 11 月，习近平总书记到湖南湘西考察时首次作出了"实事求是、因地制宜、分类指导、精准扶贫"的重要指示。精准与粗放相对，精准扶贫是指针对不同贫困区域环境、不同贫困农户状况，运用科学有效程序对扶贫对象实施精确识别、精确帮扶、精确管理的治贫方式，做到谁贫困就扶持谁。精准扶贫的精髓是因贫施策，不断提高项目安排、资金使用和措施到户的精准性。

我国扶贫开发始于 20 世纪 80 年代中期，通过近三十年的不懈努力，取得了举世公认的辉煌成就，但是，长期以来贫困居民底数不清、情况不明、针对性不强、扶贫资金和项目指向不准的问题较

---

① 习近平：《决胜全面建成小康社会 夺取新时代中国特色社会主义伟大胜利——在中国共产党第十九次全国代表大会上的报告》，人民出版社 2017 年版，第 47 - 48 页。

为突出，原有的扶贫体制机制必须修补和完善。精准扶贫正是以习近平为核心的党中央治国理政方略对新时期扶贫工作新挑战与新要求的积极应对和正确指引。

精准扶贫如何"精准"？习近平总书记在多次讲话中给出了答案。2015年1月，他在云南省昭通市考察时强调，深入扶贫，精准扶贫，精准脱贫。项目安排和资金使用都要提高精准度，扶到点上、根上，让贫困群众真正得到实惠。2015年11月，习近平总书记在中央扶贫开发工作会议上提出，要解决好扶持谁的问题。确保把真正的贫困人口弄清楚，把贫困人口、贫困程度、致贫原因等搞清楚，以便做到因户施策、因人施策。党的十九大报告又从责任机制、工作机制、重点任务等进行了重大部署，最终实现"脱真贫、真脱贫"。

截至2017年年初，我国贫困人口大概还有4000多万，确保实现2020年完成贫困人口一个不落下的目标任务，需要大力推进精准扶贫，加大扶贫力度。一是要全面推开涉农资金的整合，加大投入；二是要健全责任机制和贫困户动态管理机制；三是进行审计和第三方评估，加强考核监督。具体就是要在扶持对象精准、项目安排精准、资金使用精准、措施到户精准、因村派人（第一书记）精准、脱贫成效精准上想办法、出实招、见真效。

获得感、幸福感、安全感

表述

"坚持人人尽责、人人享有，坚守底线、突出重点、完善制度、引导预期，完善公共服务体系，保障群众基本生活，不断满足人民日益增长的美好生活需要，不断促进社会公平正义，形成有效的社会治理、良好的社会秩序，使人民获得感、幸福感、安全感更加充实、更有保障、更可持续。"①

解读

党的十九大报告中指出，以人民为中心，使人民获得感、幸福感、安全感更加充实、更有保障、更可持续。"获得感、幸福感、安全感"是检验民生水平和社会治理能力的重要标准。人民"三感"的提出，表明我们党以人民为中心，带领人民创造美好生活的奋斗目标坚定不移。2015 年 2 月 27 日，习近平总书记在中央全面深化改革领导小组第十次会议上指出，要科学统筹各项改革任务，推出一批能叫得响、立得住、群众认可的硬招实招，把改革方案的含金量充分展示出来，让人民群众有更多"获得感"。由此，这一词语迅速流行，并在教育部、国家语委发布的《中国语言生活状况报告(2016)》中入选十大新词。

"获得感"表示获取某种利益后所产生的满足感。"幸福感"表示基于自身的满足感与安全感而主观产生的一系列欣喜与愉悦的情绪。"安全感"表示渴望稳定、安全的心理需求，包括：情感安全感、身体安全感、社会关系安全感、法律安全感、收入安全感、福利安全感、房子安全感、生活环境安全感等方面。"获得感"不同于"幸福感"，它强调一种实实在在的"得到"。如果不讲"获得"而一味强调"幸福"，就容易流于空泛。一般来说，"获得感"能够转

---

① 习近平：《决胜全面建成小康社会 夺取新时代中国特色社会主义伟大胜利——在中国共产党第十九次全国代表大会上的报告》，人民出版社 2017 年版，第 45 页。

化为"幸福感"。"安全感"是底线，是前提，是"获得感"和"幸福感"的根本保障。有了"安全感"，才可能拥有"获得感"和"幸福感"。

党的十八大以来，党把人民群众对美好生活的向往作为奋斗目标，一大批惠民举措落地实施，脱贫攻坚战取得决定性进展，在教育、就业、收入、医疗、住房、社会治理等方面都取得了重要成就。这些成就最直接的体现，就是人民群众获得感、幸福感、安全感不断增强。有些感受源自物质生活水平的提高，比如收入增加、养老有保障等；有的源自精神生活的变化，比如更有尊严感、更加体面。朝着人民更加美好的生活，这些变化正成为强大的前进动力，凝聚成实现中华民族伟大复兴中国梦的磅礴力量。

京津冀协同发展

表述

"推动京津冀协同发展，优化城市空间布局和产业结构，有序疏解北京非首都功能，推进交通一体化，扩大环境容量和生态空间，探索人口经济密集地区优化开发新模式。"①

解读

2014 年 2 月 26 日，习近平总书记提出京津冀协同发展战略。之后，加强京津冀地区经济协作写入政府工作报告，《京津冀协同发展

---

① 《中华人民共和国国民经济和社会发展第十三个五年规划纲要》，2016 年 3 月 17 日。

规划纲要》审议通过，京津冀"十三五"发展规划开始实施。

习近平总书记在京津冀协同发展座谈会上指出，京津冀协同发展意义重大，对这个问题的认识要上升到国家战略层面。大家一定要增强推进京津冀协同发展的自觉性、主动性、创造性，通过全面深化改革形成新的体制机制，继续研究、明确思路、制定方案、加快推进。

以北京为例，关于京津冀全面创新改革试验方案提出了16项重点改革举措，已全部启动实施，并在多个方面取得阶段性进展。2017年重点推进"京津冀区域知识产权服务一体化"、"小额贷款公司在京津冀跨地区经营试点"、"京津冀区域股权市场开展跨地区合作经营"等改革举措落地。此外，还要加快建设滨海—中关村科技园、未来科技城等创新载体，加快建设国家"双创"示范基地，推进京津冀大数据综合试验区建设等。北京市加快构建高精尖经济结构，2016年第一季度实现全市生产总值5451.9亿元，同比增长6.9%，第三产业增加值增长8.2%，金融、科技、信息等高端服务业对全市经济增长的贡献率合计达到68.1%。

党的十九大报告提出，以疏解北京非首都功能为"牛鼻子"推动京津冀协同发展。"十三五"时期，是京津冀协同发展向纵深推进的重要时期，也是全面落实顶层设计的关键时期，以疏解北京非首都功能为立足点，优化城市空间布局，统筹推进交通一体化建设、产业转型升级、生态环境保护等重点任务，探索一条中国特色解决"大城市病"的新路子。

长江经济带

表述

"以共抓大保护、不搞大开发为导向推动长江经济带发展。"①

解读

长江经济带覆盖了上海、江苏、浙江、安徽、江西、湖北、湖南、重庆、四川、云南、贵州 11 个省市，面积约 205 万平方公里，人口和生产总值均超过全国的 40%，是我国综合实力最强、战略支撑作用最大的区域之一。2014 年 9 月，国务院印发《关于依托黄金水道推动长江经济带发展的指导意见》，部署把长江经济带建设成为具有全球影响力的内河经济带、东中西互动合作的协调发展带、沿海沿江沿边全面推进的对内对外开放带和生态文明建设的先行示范带。2016 年 9 月，《长江经济带发展规划纲要》正式发布，成为推动长江经济带发展重大国家战略的纲领性文件。

推动长江经济带发展，有利于走出一条生态优先、绿色发展之路；有利于挖掘中上游广阔腹地蕴含的巨大内需潜力；有利于打破行政分割和市场壁垒；有利于优化沿江产业结构和城镇化布局。习近平总书记指出，长江经济带共抓大保护，不搞大开发，并不是不搞经济建设、不发展。坚持以经济建设为中心，仍是推动长江经济

---

① 习近平：《决胜全面建成小康社会 夺取新时代中国特色社会主义伟大胜利——在中国共产党第十九次全国代表大会上的报告》，人民出版社 2017 年版，第 33 页。

带发展的核心内容。

大力保护长江生态环境，是推动长江经济带发展的第一要务。打破行政区划界限和壁垒，有效利用市场机制，更好发挥政府作用，加强环境污染联防联控，推动建立地区间、上下游生态补偿机制，加快形成生态环境联防联治、流域管理统筹协调的区域协调发展新机制。在保护生态的条件下推动长江经济带发展，要加快推进供给侧结构性改革，更好发挥长江黄金水道综合效益，着力建设沿江绿色生态廊道，着力构建高质量综合立体交通走廊，着力优化沿江城镇和产业布局，着力推动长江上中下游协调发展，实现更高质量、更有效率、更加公平、更可持续的发展。

建设创新型国家

表述

"加快建设创新型国家。创新是引领发展的第一动力，是建设现代化经济体系的战略支撑。要瞄准世界科技前沿，强化基础研究，实现前瞻性基础研究、引领性原创成果重大突破。加强应用基础研究，拓展实施国家重大科技项目，突出关键共性技术、前沿引领技术、现代工程技术、颠覆性技术创新，为建设科技强国、质量强国、航天强国、网络强国、交通强国、数字中国、智慧社会提供有力支撑。加强国家创新体系建设，强化战略科技力量。深化科技体制改革，建立以企业为主体、市场为导向、产学研深度融合的技术创新体系，加强对中小企业创新的支持，促进科技成果转化。倡导创新文化，强化知识产权创造、保护、运用。培养造就一大批具有国际水平的战略科技人才、科技领军人才、青年科技人才和高水平创新团队。"①

解读

作为创新型国家，应该具备以下四个基本特征：（1）创新投入高，国家的研发投入支出占 GDP 的比例一般在 2% 以上；（2）科技进步贡献率达 70% 以上；（3）自主创新能力强，国家对外技术依存度指标通常在 30% 以下；（4）创新产出高，世界上公认的 20 个左右创新型国家所拥有的发明专利数量占全世界总数的 99%。

我国作为创新型国家的现状。

2016 年世界知识产权组织发布的全球创新指数中，中国排名第 25 位，成为首个跻身前 25 名的中等收入经济体；彭博新闻社 2016 年全球创新指数显示，中国创新型国家排名第 21 位；2016 年 8 月国务院印发的《"十三五"国家科技创新规划》显示，中国综合创新能力跻身世界第 18 位。欧洲创新积分榜（European Innovation Scoreboard，EIS）的数据显示，2016 年中国创新指数排名全球第 7 位。中国创新指数居金砖国家首位，虽然与世界发达国家相比有一定差距，但增长率远高于所比较国家中排名第二位的韩国，中国与发达国家的创新水平差距正逐步缩小。

《"十三五"国家科技创新规划》提出，"十三五"科技创新的总体目标是：国家科技实力和创新能力大幅跃升，创新驱动发展成

---

① 习近平：《决胜全面建成小康社会 夺取新时代中国特色社会主义伟大胜利——在中国共产党第十九次全国代表大会上的报告》，人民出版社 2017 年版，第 31 页。）

效显著，国家综合创新能力世界排名进入前 15 位，迈进创新型国家行列，有力支撑全面建成小康社会目标实现。

《国家创新驱动发展战略纲要》提出国家创新驱动发展战略的"三步走"规划：第一步，到 2020 年进入创新型国家行列，基本建成中国特色国家创新体系，有力支撑全面建成小康社会目标的实现。第二步，到 2030 年跻身创新型国家前列，发展驱动力实现根本转换，经济社会发展水平和国际竞争力大幅提升，为建成经济强国和共同富裕社会奠定坚实基础。第三步，到 2050 年建成世界科技创新强国，成为世界主要科学中心和创新高地，为我国建成富强民主文明和谐的社会主义现代化国家、实现中华民族伟大复兴的中国梦提供强大支撑。

加快建设创新型国家重点包括：（1）要瞄准世界科技前沿，强化基础研究，实现前瞻性基础研究、引领性原创成果重大突破。（2）加强应用基础研究，拓展实施国家重大科技项目，突出关键共性技术、前沿引领技术、现代工程技术、颠覆性技术创新，为建设科技强国、质量强国、航天强国、网络强国、交通强国、数字中国、智慧社会提供有力支撑。（3）加强国家创新体系建设，强化战略科技力量。深化科技体制改革，建立以企业为主体、市场为导向、产学研深度融合的技术创新体系，加强对中小企业创新的支持，促进科技成果转化。（4）倡导创新文化，强化知识产权创造、保护、运用。（5）培养造就一大批具有国际水平的战略科技人才、科技领军人才、青年科技人才和高水平创新团队。

建设现代化经济体系

表述

"贯彻新发展理念，建设现代化经济体系。"①

解读

我国经济已由高速增长阶段转向高质量发展阶段，正处在转变发展方式、优化经济结构、转换增长动力的攻关期，建设现代化经济体系是跨越关口的迫切要求和我国发展的战略目标。

我国社会主要矛盾已经转化为人民日益增长的美好生活需要和不平衡不充分的发展之间的矛盾。这就必须坚持解放和发展社会生产力，坚持社会主义市场经济改革方向，建设现代化经济体系，推动经济持续健康发展。建设现代经济体系为新时代中国特色社会主义发展三步走的战略安排，奠定更为牢靠的经济基础。

党的十九大报告提出，建设现代化经济体系的科学内涵包括三个层面：（1）坚持质量第一、效益优先，以供给侧结构性改革为主线，推动经济发展质量变革、效率变革、动力变革，提高全要素生产率；（2）着力加快建设实体经济、科技创新、现代金融、人力资源协同发展的产业体系；（3）着力构建市场机制有效、微观主体有活力、宏观调控有度的经济体制，不断增强我国经济创新力和竞

---

① 习近平：《决胜全面建成小康社会 夺取新时代中国特色社会主义伟大胜利——在中国共产党第十九次全国代表大会上的报告》，人民出版社 2017 年版，第 29 页。

争力。

党的十九大报告明确了建设现代化经济体系的主要任务：（1）深化供给侧结构性改革；（2）加快建设创新型国家；（3）实施乡村振兴战略；（4）实施区域协同发展；（5）完善社会主义市场经济体制；（6）推动形成全面开放新格局。

科 技 强 国

表述

"加强应用基础研究，拓展实施国家重大科技项目，突出关键共性技术、前沿引领技术、现代工程技术、颠覆性技术创新，为建设科技强国、质量强国、航天强国、网络强国、交通强国、数字中国、智慧社会提供有力支撑。"[①]

解读

1956 年 1 月，党中央向全党全国发出"向科学进军"的号召。1978 年，邓小平同志在全国科学大会上作出科学技术是生产力的重要论断。1995 年，江泽民同志在全国科学技术大会上发表重要讲话，号召大力实施科教兴国战略，形成实施科教兴国战略热潮。2006 年，胡锦涛同志在全国科学技术大会上发表重要讲话，部署实施《国家中长期科学和技术发展规划纲要（2006—2020 年）》，动员全党全社会为建设创新型国家而努力奋斗。2012 年，党中央、国务院召开全

---

① 习近平：《决胜全面建成小康社会 夺取新时代中国特色社会主义伟大胜利——在中国共产党第十九次全国代表大会上的报告》，人民出版社 2017 年版，第 31 页。

国科技创新大会，号召我国科技界奋力创新、为全面建成小康社会提供有力科技支撑。

2016 年，习近平总书记在全国科技创新大会、两院院士大会、中国科协第九次全国代表大会上发表《为建设世界科技强国而奋斗》的讲话，全面吹响建设科技强国的号角。

2016 年印发的《国家创新驱动发展战略纲要》明确，我国科技事业发展的战略目标分三步走：

第一步，到 2020 年进入创新型国家行列，基本建成中国特色国家创新体系，有力支撑全面建成小康社会目标的实现。主要标志：（1）创新型经济格局初步形成。科技进步贡献率提高到 60% 以上，知识密集型服务业增加值占国内生产总值的 20%。（2）自主创新能力大幅提升。在若干战略必争领域形成独特优势，为国家繁荣发展提供战略储备、拓展战略空间。研究与试验发展经费支出占国内生产总值比重达到 2.5%。（3）创新体系协同高效。科技与经济融合更加顺畅，创新主体充满活力，创新链条有机衔接。（4）创新环境更加优化。激励创新的政策法规更加健全，知识产权保护更加严格，形成崇尚创新创业、勇于创新创业、激励创新创业的价值导向和文化氛围。

第二步，到 2030 年跻身创新型国家前列，发展驱动力实现根本转换，经济社会发展水平和国际竞争力大幅提升，为建成经济强国和共同富裕社会奠定坚实基础。主要标志：（1）主要产业进入全球价值链中高端。（2）总体上扭转科技创新以跟踪为主的局面。在若干战略领域由并行走向领跑，形成引领全球学术发展的中国学派。攻克制约国防科技的主要瓶颈问题。研究与试验发展经费支出占国内生产总值比重达到 2.8%。（3）国家创新体系更加完备。实现科技与经济深度融合、相互促进。（4）创新文化氛围浓厚，法治保障有力，全社会形成创新活力竞相迸发、创新源泉不断涌流的生动局面。

第三步，到 2050 年建成世界科技创新强国，成为世界主要科学中心和创新高地，为我国建成富强、民主、文明、和谐的社会主义现代化国家、实现中华民族伟大复兴的中国梦提供强大支撑。主要标志：（1）科技和人才成为国力强盛最重要的战略资源，创新成为政策制定和制度安排的核心因素。（2）劳动生产率、社会生产力提高主要依靠科技进步和全面创新，经济发展质量高、能源资源消耗低、产业核心竞争力强。国防科技达到世界领先水平。（3）拥有一批世界一流的科研机构、研究型大学和创新型企业，涌现出一批重大原创性科学成果和国际顶尖水平的科学大师，成为全球高端人才创新创业的重要聚集地。（4）创新的制度环境、市场环境和文化环境更加优化，尊重知识、崇尚创新、保护产权、包容多元成为全社会的共同理念和价值导向。

质 量 强 国

🔖 表述

"实施质量强国战略，全面强化企业质量管理，开展质量品牌提升行动，解决一批影响产品质量提升的关键共性技术问题，加强商标品牌法律保护，打造一批有竞争力的知名品牌。"[①]

---

① 《中华人民共和国国民经济和社会发展第十三个五年规划纲要》，2016 年 3 月 17 日。

解读

"质量强国"战略是在 2011 年元月召开的"全国质检工作会议"上首次明确提出的。

习近平总书记关于质量问题进行过一系列论述,他指出要"切实把推动发展的立足点转到提高质量和效益上来",强调"以提高发展质量和效益为中心","过去主要是数量扩张和价格竞争,现在正逐步转向质量型、差异化为主的竞争",要"推动中国制造向中国创造转变、中国速度向中国质量转变、中国产品向中国品牌转变"。他进一步强调,"标准决定质量,有什么样的标准就有什么样的质量,只有高标准才有高质量","质量问题关键是制度和措施"。2017 年 9 月 5 日,中共中央、国务院发布《中共中央 国务院关于开展质量提升行动的指导意见》(以下简称《意见》),《意见》指出我国经济发展的传统优势正在减弱,实体经济结构性供需失衡矛盾和问题突出,特别是中高端产品和服务有效供给不足,迫切需要下最大气力抓全面提高质量,推动我国经济发展进入质量时代。

《意见》提出质量强国的主要目标。到 2020 年,供给质量明显改善,供给体系更有效率,建设质量强国取得明显成效,质量总体水平显著提升,质量对提高全要素生产率和促进经济发展的贡献进一步增强,更好满足人民群众不断升级的消费需求。主要标志:(1)产品、工程和服务质量明显提升。质量突出问题得到有效治理,智能化、消费友好的中高端产品供给大幅增加,高附加值和优质服务供给比重进一步提升,中国制造、中国建造、中国服务、中国品牌国际竞争力显著增强。(2)产业发展质量稳步提高。企业质量管理水平大幅提升,传统优势产业实现价值链升级,战略性新兴产业的质量效益特征更加明显,服务业提质增效进一步加快,以技术、技能、知识等为要素的质量竞争型产业规模显著扩大，形成一批质量效益一流的世界级产业集群。（3）区域质量水平整体跃升。区域主体功能定位和产业布局更加合理，区域特色资源、环境容量和产业基础等资源优势充分利用，产业梯度转移和质量升级同步推进，区域经济呈现互联互通和差异化发展格局，涌现出一批特色小镇和区域质量品牌。（4）国家质量基础设施效能充分释放。计量、标准、检验检测、认证认可等国家质量基础设施系统完整、高效运行，技术水平和服务能力进一步增强，国际竞争力明显提升，对科技进步、产业升级、社会治理、对外交往的支撑更加有力。

航 天 强 国

表述

"全面建成航天强国，具备自主可控的创新发展能力、聚焦前沿的科学探索研究能力、强大持续的经济社会发展服务能力、有效可靠的国家安全保障能力、科学高效的现代治理能力、互利共赢的国际交流与合作能力，拥有先进开放的航天科技工业体系、稳定可靠的空间基础设施、开拓创新的人才队伍、深厚博大的航天精神，为实现中华民族伟大复兴的中国梦提供强大支撑，为人类文明进步作出积极贡献。"[1]

解读

我国航天事业自 1956 年创建以来，已走过 60 多年光辉历程，

---

[1] 国务院新闻办公室：《2016 中国的航天》白皮书，2016 年 12 月 27 日。

创造了以"两弹一星"、载人航天、月球探测为代表的辉煌成就，走出了一条自力更生、自主创新的发展道路，积淀了深厚博大的航天精神。2016 年 10 月 27 日，《2016 中国的航天》白皮书发布，我国首次提出建设航天强国愿景。

白皮书指出我国航天事业的发展宗旨为：探索外层空间，扩展对地球和宇宙的认识；和平利用外层空间，促进人类文明和社会进步，造福全人类；满足经济建设、科技发展、国家安全和社会进步等方面的需求，提高全民科学文化素质，维护国家权益，增强综合国力。

白皮书同时指出了我国航天事业的发展愿景。全面建成航天强国，具备自主可控的创新发展能力、聚焦前沿的科学探索研究能力、强大持续的经济社会发展服务能力、有效可靠的国家安全保障能力、科学高效的现代治理能力、互利共赢的国际交流与合作能力，拥有先进开放的航天科技工业体系、稳定可靠的空间基础设施、开拓创新的人才队伍、深厚博大的航天精神，为实现中华民族伟大复兴的中国梦提供强大支撑，为人类文明进步作出积极贡献。

白皮书还指出了未来五年的主要任务：未来五年，中国将加快航天强国建设步伐，持续提升航天工业基础能力，加强关键技术攻关和前沿技术研究，继续实施载人航天、月球探测、北斗卫星导航系统、高分辨率对地观测系统、新一代运载火箭等重大工程，启动实施一批新的重大科技项目和重大工程，基本建成空间基础设施体系，拓展空间应用深度和广度，深入开展空间科学研究，推动空间科学、空间技术、空间应用全面发展。

网 络 强 国

表述

"牢牢把握信息技术变革趋势，实施网络强国战略，加快建设数字中国，推动信息技术与经济社会发展深度融合，加快推动信息经济发展壮大。"①

解读

2014 年 2 月 27 日，中央网络安全和信息化领导小组召开第一次会议，中央网络安全和信息化领导小组组长习近平同志发表重要讲话。他强调，网络安全和信息化是事关国家安全和国家发展、事关广大人民群众工作生活的重大战略问题，要从国际国内大势出发，总体布局，统筹各方，创新发展，努力把我国建设成为网络强国。

党的十八大以来，以习近平同志为核心的党中央审时度势、高瞻远瞩，准确把握时代潮流，立足我国互联网发展与治理实践，围绕什么是网络强国、怎样建设网络强国，擘画网络强国的宏伟蓝图，提出一系列新思想新观点新要求，指导我国网络安全和信息化工作取得重大成就。中国"天河二号"超级计算机在全球计算机运算速度排名中连续 6 年夺魁；中国已成为全球最大且最具活力的移动通信市场，在 5G 等下一代移动通信技术研究领域处于领跑地位；量子科学实验卫星成功发射，量子保密通信京沪干线建设取得重大突破；

① 《中华人民共和国国民经济和社会发展第十三个五年规划纲要》，2016 年 3 月 17 日。

在芯片专利申请数量方面，中国成为第一大国，并连续 5 年蝉联全球第一；国产高端路由器已达到业界领先水平，在我国多个行业实现了成功商用；2016 年我国电子商务总体规模继续保持高速增长，全国电子商务市场交易额达到 26 万亿元，中国已成全球规模最大、发展速度最快的电子商务市场等，无一例外地标注着中国网络强国建设的新高度。

推进网络强国建设须把握的几个关键：一是加快推进网络信息技术自主创新，抓紧突破网络发展的前沿技术和具有国际竞争力的关键核心技术，改革科技研发投入产出机制和科研成果转化机制，实施网络信息领域核心技术设备攻坚战略。

二是加快数字经济对经济发展的推动，必须拓展经济发展新空间。加大投入力度，推动互联网和实体经济深度融合，做大做强数字经济，为推动创新发展、转变经济发展方式、调整经济结构发挥积极作用。

三是加快提高网络管理水平，推动网上网下形成同心圆。既要严密防范网络犯罪特别是新型网络犯罪，维护人民群众利益和社会和谐稳定；又要发挥网络传播互动、体验、分享的优势，听民意、惠民生、解民忧，凝聚社会共识，形成共同防范社会风险、共同构筑同心圆的良好局面。

四是加快增强网络空间安全防御能力，筑牢网络安全防线。维护网络空间安全以及网络数据的完整性、安全性、可靠性，提高维护网络空间安全能力。

五是加快用网络信息技术推进社会治理，必须强化互联网思维。以推行电子政务、建设新型智慧城市等为抓手，以数据集中和共享为途径，实现跨层级、跨地域、跨系统、跨部门、跨业务的协同管理和服务，推进政府决策科学化、社会治理精准化、公共服务高效化。

六是加快提升我国对网络空间的国际话语权和规则制定权，必须理直气壮维护我国网络空间主权。

交 通 强 国

🎯 表述

"坚持网络化布局、智能化管理、一体化服务、绿色化发展，建设国内国际通道联通、区域城乡覆盖广泛、枢纽节点功能完善、运输服务一体高效的综合交通运输体系。"①

🔧 解读

交通运输是国民经济中基础性、先导性、战略性产业，是重要的服务性行业。习近平总书记指出，"交通基础设施建设具有很强的先导作用"。2017 年 2 月 3 日颁布实施的《"十三五"现代综合交通运输体系发展规划》明确了到 2020 年基本建成安全、便捷、高效、绿色的现代综合交通运输体系，部分地区和领域率先基本实现交通运输现代化的总体目标。

推进交通强国建设的"十三五"目标。到 2020 年，基本建成安全、便捷、高效、绿色的现代综合交通运输体系，部分地区和领域率先基本实现交通运输现代化。

---

① 《中华人民共和国国民经济和社会发展第十三个五年规划纲要》，2016 年 3 月 17 日。

网络覆盖加密拓展。高速铁路覆盖 80% 以上的城区常住人口及100 万人以上的城市，铁路、高速公路、民航运输机场基本覆盖城区常住人口 20 万以上的城市，内河高等级航道网基本建成，沿海港口万吨级及以上泊位数稳步增加，具备条件的建制村通硬化路，城市轨道交通运营里程比 2015 年增长近一倍，油气主干管网快速发展，综合交通网总里程达到 540 万公里左右。

综合衔接一体高效。各种运输方式衔接更加紧密，重要城市群核心城市间、核心城市与周边节点城市间实现 1—2 小时通达。打造一批现代化、立体式综合客运枢纽，旅客换乘更加便捷。交通物流枢纽集疏运系统更加完善，货物换装转运效率显著提高，交邮协同发展水平进一步提升。

运输服务提质升级。全国铁路客运动车服务比重进一步提升，民航航班正常率逐步提高，公路交通保障能力显著增强，公路货运车型标准化水平大幅提高、货车空驶率大幅下降，集装箱铁水联运比重明显提升，全社会运输效率明显提高。公共服务水平显著提升，实现村村直接通邮、具备条件的建制村通客车，城市公共交通出行比例不断提高。

智能技术广泛应用。交通基础设施、运载装备、经营业户和从业人员等基本要素信息全面实现数字化，各种交通方式信息交换取得突破。全国交通枢纽站点无线接入网络广泛覆盖。铁路信息化水平大幅提升，货运业务实现网上办理，客运网上售票比例明显提高。基本实现重点城市群内交通一卡通互通，车辆安装使用 ETC 比例大幅提升。

绿色安全水平提升。城市公共交通、出租车和城市配送领域新能源汽车快速发展。资源节约集约利用和节能减排成效显著，交通运输主要污染物排放强度持续下降。交通运输安全监管和应急保障能力显著提高，重特大事故得到有效遏制，安全水平明显提升。

"数字中国"

表述

"牢牢把握信息技术变革趋势，实施网络强国战略，加快建设数字中国，推动信息技术与经济社会发展深度融合，加快推动信息经济发展壮大。"①

解读

2015年12月16日，在第二届世界互联网大会开幕式上，习近平主席指出要"推进'数字中国'建设，发展分享经济，支持基于互联网的各类创新，提高发展质量和效益。"

2016年4月19日上午，习近平总书记在京主持召开网络安全和信息化工作座谈会并发表重要讲话，再次勾勒"数字中国"工作大战略。

2016年12月15日，国务院印发《"十三五"国家信息化规划》（以下简称《规划》），明确"数字中国"发展目标：到2020年，"数字中国"建设取得显著成效，信息化发展水平大幅跃升，信息化能力跻身国际前列，具有国际竞争力、安全可控的信息产业生态体

---

① 《中华人民共和国国民经济和社会发展第十三个五年规划纲要》，2016年3月17日。

系基本建立。信息技术和经济社会发展深度融合，数字鸿沟明显缩小，数字红利充分释放。信息化全面支撑党和国家事业发展，促进经济社会均衡、包容和可持续发展，为国家治理体系和治理能力现代化提供坚实支撑。

《规划》明确了"数字中国"的主攻方向。统筹实施网络强国战略、大数据战略、"互联网＋"行动，整合集中资源力量，紧密结合大众创业万众创新、"中国制造2025"，着力在引领创新驱动、促进均衡协调、支撑绿色低碳、深化开放合作、推动共建共享、主动防范风险等方面取得突破，为深化改革开放、推进国家治理体系和治理能力现代化提供数字动力引擎。

《规划》指出了"数字中国"的重大任务和重点工程。着力增强以信息基础设施体系为支撑、信息技术产业生态体系为牵引、数据资源体系为核心的国家信息化发展能力，着力提高信息化在驱动经济转型升级、推进国家治理体系和治理能力现代化、推动信息惠民、促进军民深度融合发展等重点领域的应用水平，着力优化支持网信企业全球化发展、网络空间治理、网络安全保障等的发展环境，加快推动我国信息化水平和安全支撑能力大幅提升。

智 慧 社 会

表述

"加强应用基础研究，拓展实施国家重大科技项目，突出关键共性技术、前沿引领技术、现代工程技术、颠覆性技术创新，为建设科技强国、质量强国、航天强国、网络强国、交通强国、数字中国、智慧社会提供有力支撑。"①

解读

　　智慧社会是党的十九大报告提出的一个新概念，是在智慧城市建设和战略规划的基础上的升级。

　　在2008年全球金融危机背景下，出现了"智慧地球"概念。由于全球已经进入城市社会，人们随即聚焦到"智慧城市"上来。智慧城市是指通过互联网、物联网、云计算、大数据和网格化管理等技术的创新应用，实现深层次信息共享和业务协同，促进城市规划、建设、管理和公共服务的精准化、智能化、便捷化和高效率，进而提升城市综合发展能力，安全与服务水平的城市发展新形态。简单地说，就是通过信息共享和连接，提高大家在城市中的生活品质和质量。

　　近些年来，世界各国高度重视网络信息技术发展与智慧城市建设。美国、日本、韩国、新加坡、欧盟等相继制定了智慧城市建设目标与计划，加大网络信息技术研发和智慧城市示范建设。

　　从智能城市到智慧社会。2016年4月，习近平总书记在网信工作座谈会上指出，"要以信息化推进国家治理体系和治理能力现代化，统筹发展电子政务，构建一体化在线服务平台，分级分类推进新型智慧城市建设"。在时隔不足半年的10月9日中共中央政治局集体学习时，习近平总书记就实施网络强国战略进行了具体部署，提出了加快网络信息技术创新和加快网络信息技术在数字经济、社会精准治理领域应用的新任务。这标志着我国网络信息技术发展与智慧城市建设已经成为国家战略。

---

　　① 习近平：《决胜全面建成小康社会 夺取新时代中国特色社会主义伟大胜利——在中国共产党第十九次全国代表大会上的报告》，人民出版社2017年版，第31页。

2012 年到 2015 年我国先后公布了三批国家智慧城市试点名单，2016 年 12 月 15 日，国务院印发《"十三五"国家信息化规划》指出，到 2018 年，分级分类建设 100 个新型示范性智慧城市；到 2020 年，新型智慧城市建设取得显著成效，形成无处不在的惠民服务、透明高效的在线政府、融合创新的信息经济、精准精细的城市治理、安全可靠的运行体系。

以智慧城市建设为依托，形成智慧政府、智慧工业、智慧农业、智慧服务、智慧城镇等于一体的综合性智慧社会。

工 匠 精 神

表述

"建设知识型、技能型、创新型劳动者大军，弘扬劳模精神和工匠精神，营造劳动光荣的社会风尚和精益求精的敬业风气。"①

解读

2016 年 3 月 5 日，李克强总理作政府工作报告时首次正式提出"工匠精神"，他提出"鼓励企业开展个性化定制、柔性化生产，培育精益求精的工匠精神，增品种、提品质、创品牌"。后来，"工匠精神"入选 2016 年十大流行语。

工匠精神是指工匠以完美极致的态度对自己的产品精雕细琢，

---

① 习近平：《决胜全面建成小康社会 夺取新时代中国特色社会主义伟大胜利——在中国共产党第十九次全国代表大会上的报告》，人民出版社 2017 年版，第 31 页。

精益求精、追求更完美的精神理念。工匠们喜欢不断雕琢自己的产品，不断改善自己的工艺，享受着产品在双手中升华的过程。工匠精神的目标是打造本行业最优质的产品，其他同行无法匹敌的卓越产品。概括起来，工匠精神就是追求卓越的创造精神、精益求精的品质精神、用户至上的服务精神。

"工匠精神"的发育程度，同一个社会的物质文明、精神文明的进步程度都直接发生着关联。从精神文明来看，"工匠精神"作为一种职业精神，在本质上它是同社会主义核心价值观特别是同其中的"敬业""诚信"要求高度契合。从物质文明来看，"工匠精神"在物质文明的创造过程中可以发挥强大的精神动力及智力支持作用。建设制造强国需要工匠精神。李克强总理在 2017 年政府工作报告中提出：要大力弘扬工匠精神，厚植工匠文化，恪尽职业操守，崇尚精益求精，完善激励机制，培育众多"中国工匠"，打造更多享誉世界的"中国品牌"，推动中国经济发展进入质量时代。

弘扬工匠精神必须加强社会引导，在全社会形成尊重工匠、崇尚"工匠精神"的良好社会氛围，让尊重劳动、尊重知识、尊重人才、尊重创造成为社会共识，让工匠精神薪火相传、发扬光大。注重推出一些具有丰富内涵的典型，突出一些能够提供方法加技巧的解决方案的人物，多层次宣传工匠的成长之路，引导形成尊重和推崇工匠精神的良好氛围。加大技能人才的培养力度。在健全制度、落实措施方面做好顶层设计，建立健全技能人才培养、考核、使用、待遇相统一的激励机制。通过加大职业培训力度、开展现代学徒制试点、深化"金蓝领工程"等工作抓手，夯实产生工匠精神的人力基础；通过制度顶层设计，转变"重装备、轻技工，重学历、轻能力，重理论、轻操作"的观念，形成培育工匠精神的保障机制；通过文化再造、源头培育、社会滋养，发展先进企业文化和职工文化，使工匠精神成为引领社会风尚的风向标。

乡村振兴战略

表述

"实施乡村振兴战略。农业农村农民问题是关系国计民生的根本性问题，必须始终把解决好'三农'问题作为全党工作重中之重。要坚持农业农村优先发展，按照产业兴旺、生态宜居、乡风文明、治理有效、生活富裕的总要求，建立健全城乡融合发展体制机制和政策体系，加快推进农业农村现代化。"[①]

解读

党的十九大报告中首次提出实施乡村振兴战略。报告指出，农业农村农民问题是关系国计民生的根本性问题，必须始终把解决好"三农"问题作为全党工作重中之重。

党的十八大以来，党中央统筹城乡协调发展，出台了一系列强农惠农的政策，有力地推动了"三农"事业的发展。但同时也应清醒地看到，当前我国最大的发展不平衡是城乡发展不平衡；最大的发展不充分是农村发展不充分。为此，要贯彻农业农村优先发展指导思想，实施乡村振兴战略。

---

① 习近平：《决胜全面建成小康社会 夺取新时代中国特色社会主义伟大胜利——在中国共产党第十九次全国代表大会上的报告》，人民出版社 2017 年版，第 32 页。

党的十九大报告提出乡村振兴战略的总要求是：要坚持农业农村优先发展，按照产业兴旺、生态宜居、乡风文明、治理有效、生活富裕的总要求，建立健全城乡融合发展体制机制和政策体系，加快推进农业农村现代化。

党的十九大报告提出乡村振兴战略的路径：一是巩固和完善农村基本经营制度，深化农村土地制度改革，完善承包地"三权"分置制度。保持土地承包关系稳定并长久不变，第二轮土地承包到期后再延长三十年。二是深化农村集体产权制度改革，保障农民财产权益，壮大集体经济。三是构建现代农业产业体系、生产体系、经营体系，完善农业支持保护制度，发展多种形式适度规模经营，培育新型农业经营主体，健全农业社会化服务体系，实现小农户和现代农业发展有机衔接。促进农村第一、二、三产业融合发展，支持和鼓励农民就业创业，拓宽增收渠道。四是加强农村基层基础工作，健全自治、法治、德治相结合的乡村治理体系。培养造就一支懂农业、爱农村、爱农民的"三农"工作队伍。

雄 安 新 区

表述

"以疏解北京非首都功能为'牛鼻子'推动京津冀协同发展，高起点规划、高标准建设雄安新区。"①

---

① 习近平：《决胜全面建成小康社会 夺取新时代中国特色社会主义伟大胜利——在中国共产党第十九次全国代表大会上的报告》，人民出版社2017年版，第33页。

解读

2017 年 4 月 1 日，中共中央、国务院决定在河北省雄县、容城、安新等 3 个县及周边部分区域设立国家级雄安新区。这是以习近平同志为核心的党中央作出的一项重大历史性战略选择，是继深圳经济特区和上海浦东新区之后又一具有全国意义的新区，是千年大计、国家大事。

京津冀协同发展的核心问题：京津冀协同发展的核心问题是疏解北京非首都功能，降低北京人口密度，促进经济社会发展与人口资源环境相适应。建设雄安新区的意义：目前京津冀三地发展差距较大，不能搞齐步走、平面推进，也不能继续扩大差距，选择有条件的区域率先推进，通过试点示范带动其他地区发展。规划建设雄安新区是具有重大历史意义的战略选择，是疏解北京非首都功能、推进京津冀协同发展的历史性工程。如何规划和建设雄安新区：建设雄安新区是一项历史性工程，一定要保持历史耐心，有"功成不必在我"的精神境界。雄安新区将是我们留给子孙的历史遗产，必须坚持"世界眼光、国际标准、中国特色、高点定位"理念，努力打造贯彻新发展理念的创新发展示范区。要坚持用最先进的理念和一流水准规划设计建设，经得起历史检验。要坚持以人民为中心，从市民需要出发，做到疏密有度、绿色低碳、返璞归真，提供宜居的环境、优质的公共服务，有效吸引北京人口和功能疏解转移。

雄安新区规划范围。雄安新区的规划范围涉及河北雄县、容城、安新 3 县及周边部分区域，新区地处北京、天津、保定腹地。新区规划建设以特定区域为起步区先行开发，起步区面积约 100 平方公里，中期发展区面积约 200 平方公里，远期控制区面积约 2000 平方公里。

雄安新区的建设目标。党中央明确雄安新区规划建设目标，到

2020 年，雄安新区对外骨干道路网基本建成，起步区基础设施建设和产业布局框架基本形成，白洋淀环境综合治理和生态修复取得明显进展，新区雏形初步显现；到 2030 年，一座绿色低碳、信息智能、宜居宜业，具有较强竞争力和影响力，人与自然和谐共处的现代化新城将绽放光芒。

雄安新区承载的重点任务。雄安新区要承载七个方面的重点任务。(1) 建设绿色智慧新城，即建成国际一流、绿色、现代、智慧城市。(2) 打造优美生态环境，构建蓝绿交织、清新明亮的生态城市。(3) 发展高端高新产业。(4) 提供优质公共服务，建设优质公共设施，创建城市管理新"样板"。(5) 构建快捷高效交通网，打造绿色交通体系。(6) 推进体制机制改革，发挥市场在资源配置中的决定性作用和更好发挥政府作用，激发市场活力。(7) 扩大全方位对外开放，打造扩大开放新高地和对外合作新平台。

中部地区崛起

🖊 表述

"加大力度支持革命老区、民族地区、边疆地区、贫困地区加快发展，强化举措推进西部大开发形成新格局，深化改革加快东北等老工业基地振兴，发挥优势推动中部地区崛起，创新引领率先实现东部地区优化发展，建立更加有效的区域协调发展新机制。"①

---

① 习近平：《决胜全面建成小康社会 夺取新时代中国特色社会主义伟大胜利——在中国共产党第十九次全国代表大会上的报告》，人民出版社 2017 年版，第 32-33 页。

解读

2016 年 12 月 7 日，国务院常务会议审议通过了《促进中部地区崛起规划（2016—2025 年)》。

中部地区的战略地位。中部地区包括山西、安徽、江西、河南、湖北、湖南 6 省，国土面积 102.8 万平方公里，占全国陆地国土总面积的 10.7%；2015 年年底人口 3.65 亿人，占全国总人口的 26.5%。中部地区承东启西、连南接北，交通网络发达、生产要素密集、人力和科教资源丰富、产业门类齐全、基础条件优越、发展潜力巨大，在全国区域发展格局中具有重要战略地位。

中部地区崛起的总体思路。与推进"一带一路"建设、京津冀协同发展、长江经济带发展"三大战略"相衔接，以提高发展质量和效益为中心，以供给侧结构性改革为主线，以全面深化改革为动力，坚持创新驱动发展，加快推动新旧动能转换，加快推进产业结构优化升级，加快打造城乡和区域一体化发展新格局，加快构筑现代基础设施网络，加快培育绿色发展方式，加快提升人民生活水平，推动中部地区综合实力和竞争力再上新台阶，开创全面崛起新局面。

中部地区的战略定位。《促进中部地区崛起规划（2016—2025 年)》根据新形势新任务新要求，提出了"一中心、四区"的战略定位：即全国重要先进制造业中心、全国新型城镇化重点区、全国现代农业发展核心区、全国生态文明建设示范区、全方位开放重要支撑区，确定了到"十三五"末的主要发展目标，明确了创新发展、转型升级、现代农业等方面的重点任务和保障措施。

中部地区崛起的发展目标。到 2020 年，中部地区全面建成小康社会。主要目标是：经济保持中高速增长；产业整体迈向中高端水平；现代农业发展走在全国前列；生态环境质量总体改善；人民生活水平和质量普遍提高。

建设海洋强国

表述

"坚持陆海统筹，加快建设海洋强国。"①

解读

海洋强国是指在开发海洋、利用海洋、保护海洋、管控海洋方面拥有强大综合实力的国家。

党的十八大报告明确指出："提高海洋资源开发能力，发展海洋经济，保护海洋生态环境，坚决维护国家海洋权益，建设海洋强国。"党的十八大以来，习近平总书记多次就建设海洋强国进行论述，强调建设海洋强国是中国特色社会主义事业的重要组成部分，要进一步关心海洋、认识海洋、经略海洋，推动我国海洋强国建设不断取得新成就。党的十九大报告提出加快建设海洋强国，是对过去五年工作的继承和延续，体现了海洋强国战略的重要意义。

海洋强国建设的指导思想。2013 年 7 月 30 日，中共中央政治局就建设海洋强国研究进行集体学习时，习近平总书记指出："我们要着眼于中国特色社会主义事业发展全局，统筹国内国际两个大局，坚持陆海统筹，坚持走依海富国、以海强国、人海和谐、合作共赢

---

① 习近平：《决胜全面建成小康社会 夺取新时代中国特色社会主义伟大胜利——在中国共产党第十九次全国代表大会上的报告》，人民出版社 2017 年版，第 33 页。

的发展道路，通过和平、发展、合作、共赢方式，扎实推进海洋强国建设。"

海洋强国建设的着力点：提高海洋资源开发能力，着力推动海洋经济向质量效益型转变；保护海洋生态环境，着力推动海洋开发方式向循环利用型转变；发展海洋科学技术，着力推动海洋科技向创新引领型转变；维护国家海洋权益，着力推动海洋维权向统筹兼顾型转变。

放　管　服

表述

"深化简政放权，放管结合，优化服务，推进行政体制改革，转职能提效能。"①

解读

放管服，就是简政放权、放管结合、优化服务的简称。"放"中央政府下放行政权，减少没有法律依据和法律授权的行政权；理清多个部门重复管理的行政权。"管"政府部门要创新和加强监管职能，利用新技术新体制加强监管体制创新。"服"转变政府职能减少政府对市场进行干预，将市场的事推向市场来决定，减少对市场主体过多的行政审批等行为，降低市场主体的市场运行行政成本，促

_____

① 李克强在全国推进简政放权放管结合优化服务改革电视电话会议上的讲话，2016 年 5 月 9 日。

进市场主体的活力和创新能力。

2015 年 5 月 12 日，李克强总理在全国推进简政放权、放管结合职能转变工作电视电话会议上首次提出"当前和今后一个时期，深化行政体制改革、转变政府职能总的要求是：简政放权、放管结合、优化服务协同推进，即'放、管、服'三管齐下"。

放管服取得的成效：（1）行政审批事项大幅减少。国务院部门取消和下放行政审批事项的比例超过 40%，不少地方超过 70%；非行政许可审批彻底终结；国务院各部门设置的职业资格削减 70% 以上；中央层面核准的投资项目数量累计减少 90%；外商投资项目 95% 以上已由核准改为备案管理。尤其是商事制度明显简化。工商登记由"先证后照"改为"先照后证"，前置审批事项压减 87% 以上，注册资本由"实缴制"改为"认缴制"，"多证合一、一照一码"改革深化，企业注册登记所需时间大幅缩短，便利化程度大为提高。（2）企业税费负担显著降低。全面推开营改增，出台中小微企业税收优惠政策，中央和省级政府取消、停征和减免收费 1100 多项，其中中央设立的涉企行政事业性收费项目减少 69%、政府性基金减少 30%。2013—2016 年累计为企业减轻负担 2 万多亿元。（3）事中事后监管得到加强。出台公平竞争审查制度，建立投资项目在线审批监管平台，建立国家企业信用信息公示系统和守信联合激励、失信联合惩戒机制，推进"双随机、一公开"监管和综合执法改革。（4）政府服务不断优化。推行"互联网＋政务服务"，推出"一窗受理、一站服务"等便民举措，取消、简化一大批不必要的证明和繁琐手续，大大减少了企业、群众奔波之苦和烦扰。

目前，"放管服"改革与经济社会发展要求和人民群众期待相比，仍有不小差距。有些该放的权还没放，特别是市场准入中的各种许可等限制仍然较多，有些下放的权力不配套、不衔接、不到位，变相审批不时发生，制度性交易成本较高，严重影响企业投资和群众创业创新。在事中事后监管方面，监管缺失、检查任性、执法不力等问题仍然比较突出，一些领域市场秩序混乱，对新产业、新业态、新模式的包容审慎监管仍然经验不足、需要探索。公共服务存在不少薄弱环节，一些政府部门办事效率不高，甚至推诿扯皮，一些公用事业单位和服务机构服务意识不强，"霸王条款"屡见不鲜，群众和企业仍然深受证照、证明过多之累，办事慢、办事难之苦。

深化放管服应把握的重点和难点：（1）为促进就业创业降门槛。进一步采取措施营造促进就业创业的环境，继续实现比较充分的就业。（2）为各类市场主体减负担。加大减税降费的力度，把实体经济的成本切实降下来，让中国企业轻装上阵。（3）为激发有效投资拓空间，破除制约投资的各种羁绊，提振国内外投资者信心。（4）为公平营商创条件。简政放权，通过完善事中事后监管建立公平竞争的市场秩序。（5）为群众办事生活增便利。

市场准入负面清单制度

表述

"全面实施市场准入负面清单制度，清理废除妨碍统一市场和公平竞争的各种规定和做法，支持民营企业发展，激发各类市场主体活力。"①

---

① 习近平：《决胜全面建成小康社会 夺取新时代中国特色社会主义伟大胜利——在中国共产党第十九次全国代表大会上的报告》，人民出版社 2017 年版，第 33－34 页。

解读

市场准入负面清单制度，是指国务院以清单方式明确列出在中华人民共和国境内禁止和限制投资经营的行业、领域、业务等，各级政府依法采取相应管理措施的一系列制度安排。市场准入负面清单以外的行业、领域、业务等，各类市场主体皆可依法平等进入。

市场准入负面清单包括禁止准入类和限制准入类，适用于各类市场主体基于自愿的初始投资、扩大投资、并购投资等投资经营行为及其他市场进入行为。对禁止准入事项，市场主体不得进入，行政机关不予审批、核准，不得办理有关手续；对限制准入事项，或由市场主体提出申请，行政机关依法依规作出是否予以准入的决定，或由市场主体依照政府规定的准入条件和准入方式合规进入；对市场准入负面清单以外的行业、领域、业务等，各类市场主体皆可依法平等进入。

禁止进入或限制条件进入的领域。涉及人民生命财产安全、政治安全、国土安全、军事安全、经济安全、金融安全、文化安全、社会安全、科技安全、信息安全、生态安全、资源安全、核安全和新型领域安全等国家安全的有关行业、领域、业务等；涉及全国重大生产力布局、战略性资源开发和重大公共利益的有关行业、领域、业务等；依法可以设定行政许可且涉及市场主体投资经营行为的有关行业、领域、业务等；法律、行政法规和国务院决定规定的其他情形。

负面清单主要包括市场准入负面清单和外商投资负面清单。市场准入负面清单是适用于境内外投资者的一致性管理措施，是对各类市场主体市场准入管理的统一要求；外商投资负面清单适用于境外投资者在华投资经营行为，是针对外商投资准入的特别管理措施。

制定外商投资负面清单要与投资议题对外谈判统筹考虑，有关工作另行规定。我国签署的双多边协议（协定）另有规定的，按照相关协议（协定）的规定执行。

市场准入负面清单制度改革的首批试点是在 2016 年年初确定的，当时决定先行在天津、上海、福建、广东四个省市进行试点。目前这些试点已陆续进入总结阶段。第二批试点也在陆续上报试点总体方案，将抓紧推进完善法规及规章体系、健全市场准入机制等改革任务。市场准入负面清单制度将于 2018 年 1 月 1 日起全面实施。

市场准入负面清单的定位不是用来指导产业调整的，而是为了调整政府和市场二者的关系，目的是更好地发挥市场的调节作用，确立企业的市场投资主体地位，以及放开政府限制。负面清单这一现代化的管理方式是在市场经济体系日益完善的条件下，提高国家治理能力和推动治理体系现代化的重大体制进步。

自由贸易试验区

表述

"赋予自由贸易试验区更大改革自主权，探索建设自由贸易港。"[1]

解读

自由贸易试验区是指在贸易和投资等方面比世贸组织有关规定

---

[1] 习近平：《决胜全面建成小康社会 夺取新时代中国特色社会主义伟大胜利——在中国共产党第十九次全国代表大会上的报告》，人民出版社 2017 年版，第 35 页。

更加优惠的贸易安排，在主权国家或地区的关境以外，划出特定的区域，准许外国商品豁免关税自由进出。自由贸易区内允许外国船舶自由进出，外国货物免税进口，取消对进口货物的配额管制，也是自由港的进一步延伸，是一个国家对外开放的一种特殊功能区域。

自由贸易试验区建设情况。2013 年 3 月底，李克强总理在上海调研期间考察了位于浦东的外高桥保税区，并表示鼓励支持上海积极探索，在现有综合保税区基础上，研究如何试点先行在 28 平方公里内建立一个自由贸易试验区，进一步扩大开放，推动完善开放型经济体制机制。2013 年 8 月，国务院正式批准设立中国（上海）自由贸易试验区。这是国内首个自由贸易示范区。

2015 年 3 月 24 日，中共中央政治局审议通过广东、天津、福建自由贸易试验区总体方案。2015 年 4 月 21 日，中国（广东）自由贸易试验区在广州南沙区举行挂牌仪式，中国（天津）自由贸易试验区（简称"天津自贸区"）正式挂牌，福建自贸试验区揭牌仪式在位于福州马尾的福建自贸试验区福州片区行政服务中心举行。

2016 年 8 月，党中央、国务院决定，在辽宁省、浙江省、河南省、湖北省、重庆市、四川省、陕西省新设立 7 个自贸试验区。2017 年 4 月 1 日，7 个自由贸易试验区分别揭牌成立。至此，我国自贸试验区建设形成"1 + 3 + 7"的新格局，自由贸易试验区试点逐步从沿海延伸到内陆地区，全面深化改革开放的步伐进一步加快。

自由贸易试验区目标定位。自由贸易试验区承载着为政府职能转变、优化营商环境、投资管理制度创新、贸易便利化、金融服务创新、人才制度创新等方面进行先行先试、形成可复制推广经验的特殊使命，是中国深化改革开放的创新之举和重要战略。除上述共性的功能定位外，每个自由贸易试验区都具有独特的目标定位。

法治中国建设

🔖 **表述**

"全面依法治国是国家治理的一场深刻革命，必须坚持厉行法治，推进科学立法、严格执法、公正司法、全民守法。成立中央全面依法治国领导小组，加强对法治中国建设的统一领导。"①

🔖 **解读**

法治中国，是以习近平同志为核心的党中央，着眼于实现中华民族伟大复兴的中国梦而全面推进的重大抉择。中国特色社会主义最本质的特征是党的领导，中国特色社会主义法治最根本的保证也是党的领导。因此，必须把党的领导贯彻到全面依法治国的各方面过程中，成立中央全面依法治国领导小组，保障党对法治中国建设的统一领导，坚持党领导立法、保证执法、支持司法、带头守法。

党的十八大以来，党为实现党和国家长治久安，不断开辟全面依法治国的理论和实践新境界，显著增强了运用法律手段领导和治理国家的能力。2015 年 2 月 2 日，习近平总书记在"省部级主要领导干部学习贯彻十八届四中全会精神全面推进依法治国专题研讨班"开班式上，深刻解读了党对法治中国建设的领导："法是党的主张和

---

① 习近平：《决胜全面建成小康社会 夺取新时代中国特色社会主义伟大胜利——在中国共产党第十九次全国代表大会上的报告》，人民出版社 2017 年版，第 38 页。

人民意愿的统一体现，党领导人民制定宪法法律，党领导人民实施宪法法律，党自身必须在宪法法律范围内活动，这就是党的领导力量的体现。党和法、党的领导和依法治国是高度统一的。"而法治中国建设的广泛性、复杂性在党的十七大报告中也有提及："社会矛盾和问题交织叠加，全面依法治国任务依然繁重，国家治理体系和治理能力有待加强。"解决好这些问题，需充分发挥党总揽全局、协调各方的领导核心作用。

我们必须认识到，法治中国建设是一项伟大的系统工程，涉及到众多领域和部门。唯有在党的统一领导下，通盘考虑、统筹推进，形成良性的整体机制。法治中国建设，首先，要加强和改进党对全面推进依法治国的领导，完善以宪法为核心的中国特色社会主义法律体系，加强宪法实施；其次，深入推进依法行政，加快建设法治政府；再次，加强法治工作队伍建设，保证公正司法，提高司法公信力；最后，增强全民法治观念，推进法治社会建设。

法治中国建设是一场深刻的革命，必须坚持党的领导，推进科学立法、厉行法治、严格执法、公正司法、全民守法。新时代，在党的领导下，我们有信心极大提高法治建设工作的权威性，冲破各种阻力，解决难题，把法治中国建设部署落到实处。

中国特色社会主义法治体系

表述

"明确全面推进依法治国总目标是建设中国特色社会主义法治体

系、建设社会主义法治国家。"①

🛰 解读

党的十八届四中全会指出，全面推进依法治国，总目标是建设中国特色社会主义法治体系，建设社会主义法治国家。建设中国特色社会主义法治体系为新时期的法治中国建设规定了性质、指明了方向、明确了任务。

党的十一届三中全会以来，我们党提出为了保障人民民主，必须加强法治，必须使民主制度化、法律化，把依法治国确定为党领导人民治理国家的基本方略，把依法执政确定为党治国理政的基本方式。党的十八大以来，十八届四中全会在党的历史上第一次以"依法治国"为主题并出台《中共中央关于全面推进依法治国若干重大问题的决定》，确立了建设中国特色社会主义法治体系、建设社会主义法治国家的总目标，形成了坚持中国共产党的领导、坚持人民主体地位、坚持法律面前人人平等、坚持依法治国和以德治国相结合、坚持从中国实际出发等重要原则。

在全面依法治国上，经过长期不懈努力，中国特色社会主义法律体系已经形成，法治政府建设稳步推进，司法体制不断完善，全社会法治观念明显增强，中国特色社会主义法治取得历史性成就。因此，在中国共产党领导下，坚持中国特色社会主义制度，贯彻中国特色社会主义法治理论，形成完备的法律规范体系、高效的法治实施体系、严密的法治监督体系、有力的法治保障体系，形成完善的党内法规体系，坚持依法治国、依法执政、依法行政共同推进，

---

① 习近平：《决胜全面建成小康社会 夺取新时代中国特色社会主义伟大胜利——在中国共产党第十九次全国代表大会上的报告》，人民出版社 2017 年版，第 19 页。

坚持法治国家、法治政府、法治社会一体建设，实现科学立法、严格执法、公正司法、全民守法，促进国家治理体系和治理能力现代化。

中央全面依法治国领导小组

表述

"成立中央全面依法治国领导小组，加强对法治中国建设的统一领导。"①

解读

成立中央全面依法治国领导小组，就是要把党的领导贯彻到全面依法治国的全过程和各方面，坚持党领导立法、保证执法、支持司法、带头守法。党的领导，是中国特色社会主义最本质的特征，是中国特色社会主义法治最根本的保证。成立中央全面依法治国领导小组，加强了党对中国法治建设的统一领导，有助于依法治国和依规治国的有机统一，更有助于党的意志与国家意志、人民利益有机统一。充分体现了党中央全面依法治国向纵深推进的决心和勇气，凸显了法治在治国理政中的重要地位。

党的十八届四中全会《中共中央关于全面推进依法治国若干重大问题的决定》中指出，把党的领导贯彻到依法治国全过程和各方

---

① 习近平：《决胜全面建成小康社会 夺取新时代中国特色社会主义伟大胜利——在中国共产党第十九次全国代表大会上的报告》，人民出版社 2017 年版，第 38 页。

面，是我国社会主义法治建设的一条基本经验。党的十九大报告也指出："建设法治政府，推进依法行政，严格规范公正文明执法。加大全民普法力度，建设社会主义法治文化，树立宪法法律至上、法律面前人人平等的法治理念。各级党组织和全体党员要带头尊法学法守法用法，任何组织和个人都不得有超越宪法法律的特权，绝不允许以言代法、以权压法、逐利违法、徇私枉法。"此次成立中央全面依法治国领导小组，再次回应党的领导与依法治国的关系，即通过人民意志上升为党的决议、党的决议上升为法律，以民主立法促进发展，保障善治。

党的十八大以来，全面依法治国被纳入"四个全面"战略布局，中国特色社会主义法治体系建设取得重大成效。形成了中国特色社会主义法律体系，党的领导、人民当家作主、依法治国有机统一，全面加强制度建设，使党的领导机制不断完善，社会主义民主不断发展，党内民主更加广泛。五年来，我们走过了西方国家上百年以致几百年的路程。然而，全面依法治国任务依然繁重，社会矛盾和问题交织叠加，国家治理体系和治理能力有待强化。我们面对的新矛盾，实现的新目标，需要法治权利保障。因此，成立中央全面依法治国领导小组意义深远，是国家治理的一场深刻革命。

未来发展中，我们必须坚持厉行法治，推进科学立法、严格执法、公正司法、全民守法，深化司法体制综合配套改革，全面落实司法责任制，努力让人民群众在每一个司法案件中感受到公平正义。同时，加大全民普法力度，建设社会主义法治文化，树立宪法法律至上、法律面前人人平等的法治理念。在中国特色社会主义新时代走出自己的法治化道路。

社会主义协商民主

表述

"要推动协商民主广泛、多层、制度化发展，统筹推进政党协商、人大协商、政府协商、政协协商、人民团体协商、基层协商以及社会组织协商。加强协商民主制度建设，形成完整的制度程序和参与实践，保证人民在日常政治生活中有广泛持续深入参与的权利。"[①]

解读

社会主义协商民主，是实现党领导的重要方式，指社会主义各协商主体共同参与公共决策和国家治理，通过充分民主、平等、真诚对话，讨论达成一致，从而最大程度增进政治共识、凝聚政治合力。这是中国共产党的群众路线在政治领域的重要体现，是社会主义民主政治的特有形式和独特优势，是党的领导下人民当家作主的重要保障。协商民主渠道主要有：政党协商、人大协商、政府协商、政协协商、人民团体协商、基层协商以及社会组织协商。七种协商渠道共同构成了社会主义协商民主的有机体，相互之间密切联系、不可分割。

党的十八大报告首次提出："社会主义协商民主是我国人民民主的重要形式。"2014 年，习近平总书记在庆祝人民政协成立 65 周年

---

① 习近平：《决胜全面建成小康社会 夺取新时代中国特色社会主义伟大胜利——在中国共产党第十九次全国代表大会上的报告》，人民出版社 2017 年版，第 38 页。

大会的讲话中提出："人民政协是人民民主的重要形式"，并进一步明确"社会主义协商民主，是中国社会主义民主政治的特有形式和独特优势"，并在此基础上确立"社会主义协商民主制度"概念，进而对"健全社会主义协商民主制度"进行规划和部署，集中体现了中国共产党对社会主义民主政治的实践创新、理论创新和制度创新。突出了中国共产党人在中国民主制度选择上的道路自信、理论自信和制度自信。党的十九大报告提出："要推动协商民主广泛、多层、制度化发展，统筹推进政党协商、人大协商、政府协商、政协协商、人民团体协商、基层协商以及社会组织协商。加强协商民主制度建设，形成完整的制度程序和参与实践，保证人民在日常政治生活中有广泛持续深入参与的权利。"

民主七个"协商"是对我们党协商民主经验的充分总结，是我国社会主义民主政治的特有形式和独特优势。健全社会主义协商民主制度作为党坚持中国特色社会主义政治发展道路、推进政治体制改革的大胆探索和丰硕成果，写进党的代表大会报告中，具有里程碑意义，彰显了中共中央顺应党心、民心，坚定不移地发展社会主义民主政治的决心。

随着中国特色社会主义进入新时代，我国社会主要矛盾转化为人民日益增长的美好生活需要和不平衡不充分的发展之间的矛盾。民主七个"协商"充分发挥多层面的协商民主作用，可以化解矛盾，凝聚共识，聚力攻坚，特别是在迈向制度化、规范化、法制化、程序化中具有独特优势。

未来，在深化民主政治协商中，要发挥好其独特优势，把握民主政治七个"协商"中，不同形式之间的优化配置，最大限度地把人民群众的聪明才智凝聚起来，把改革发展中的矛盾化解下去，形成共识、凝聚力量、铸成合力，我国社会主义民主政治必将充满生机与活力。

司法责任制

表述

"深化司法体制综合配套改革，全面落实司法责任制，努力让人民群众在每一个司法案件中感受到公平正义。"①

解读

司法责任制，是司法体制改革的核心，指在党的领导下，建立权责统一、权责明晰、权力制约的司法权运行机制。司法责任制要求审理者独立，公正地行使审判权、检察权，一旦发生错案，启动追责程序，由裁判者负责，并终生追责。这对于促进严格公正司法具有重要意义，对提高司法质量效率和公信力有决定性影响。

2013 年 2 月 24 日，习近平总书记在中国中央政治局第四次集体学习时强调："我们提出要努力让人民群众在每一个司法案件中都感受到公平正义，所有司法机关都要紧紧围绕这个目标来改进工作，重点解决影响司法公正和制约司法能力的深层次问题。"这就需要我们做到，2014 年 1 月 7 日，习近平总书记在中央政法工作会议上强调的："建立符合职业特点的司法人员管理制度，在深化司法体制改

---

① 习近平：《决胜全面建成小康社会 夺取新时代中国特色社会主义伟大胜利——在中国共产党第十九次全国代表大会上的报告》，人民出版社 2017 年版，第 39 页。

革中居于基础性地位，是必须牵住的'牛鼻子'"。

党的十八大以来，通过几轮司法体制改革，我国的司法制度不断完善，赢得了公众的支持认可，群众深刻认识到宪法的权威、法治的意义。但司法责任制的治理体系和治理能力仍有待加强，司法活动中依然存在一些问题：司法权威性和公信力的不足，暴露了司法行政化、地方化等体制性弊端；司法不公和司法腐败现象时有发生。党的十九大报告特别提到了深化司法体制配套改革："加强宪法实施和监督，推进合宪性审查工作，维护宪法权威。推进科学立法、民主立法、依法立法，以良法促进发展、保障善治。建设法治政府，推进依法行政，严格规范公正文明执法。"新一轮司法体制改革在内容上涉及诸多重大利益调整和重要关系变更，意味着司法体制改革进入了深水区，真正涉及体制性层面。

司法是维护社会公平正义的最后一道防线，努力让人民群众在每一个司法案件中感受到公平正义，除了要有完善的法律体系，更要在党的领导监督下，综合改革的突破。未来，还要加大全民普法力度，建设社会主义法治文化，树立宪法法律至上、法律面前人人平等的法治理念。司法制度建设才能向着公正、高效、权威的目标稳步迈进。

合宪性审查

🚀 **表述**

"加强宪法实施和监督，推进合宪性审查工作，维护宪法权威。"①

---

① 习近平：《决胜全面建成小康社会 夺取新时代中国特色社会主义伟大胜利——在中国共产党第十九次全国代表大会上的报告》，人民出版社 2017 年版，第 38 页。

✎ 解读

推进合宪性审查，就是指国家机关依据宪法和法律规定，对可能存在有违反宪法规定的法律法规、规范性文件履行宪法职责进行审查，一旦发现违反宪法问题，予以纠正，以维护宪法的权威。习近平总书记指出："依法治国首先是依宪治国，依法执政关键是依宪执政。一切违反宪法的行为都必须接受合宪性审查的监督，一切违反宪法的现象都必须通过合宪性审查工作予以纠正。"由宪法和相关法律所规定的专门国家机关来依法进行合宪性审查，既保障宪法实施，维护宪法权威，又使得纸面上的宪法，成为实践中的宪法，达到依宪治国、依宪执政的目标。

2012 年 12 月 4 日，习近平总书记在首都各界纪念现行宪法公布施行 30 周年大会上的讲话中指出："我们可以清楚地看到，宪法与国家前途、人民命运息息相关。维护宪法权威，就是维护党和人民共同意志的权威。捍卫宪法尊严，就是捍卫党和人民共同意志的尊严。保证宪法实施，就是保证人民根本利益的实现。只要我们切实尊重和有效实施宪法，人民当家作主就有保证，党和国家事业就能顺利发展。"针对我国现行法律环境，习近平总书记从治国理政新理念、新思维的高度和角度论述："保证宪法实施的监督机制和具体制度还不健全，全国人大及其常委会和国家有关监督机关要担负起宪法和法律监督职责，加强对宪法和法律实施情况的监督检查，健全监督机制和程序，坚决纠正违宪违法行为。"党的十九大报告中习近平总书记明确提出："加强宪法实施和监督，推进合宪性审查工作，维护宪法权威。"真正解决了保障宪法实施的"最后一公里"问题。这是以习近平总书记为核心的党中央全面推进依法治国的一项重要制度安排，也是以习近平总书记为核心的党中央依宪治国新理念、新思想的一项重要举措。

目前，我国现行《中华人民共和国立法法》第99条规定："国务院、中央军事委员会、最高人民法院、最高人民检察院和各省、自治区、直辖市的人民代表大会常务委员会认为行政法规、地方性法规、自治条例和单行条例同宪法或者法律相抵触的，可以向全国人民代表大会常务委员会书面提出进行审查的要求，由常务委员会工作机构分送有关的专门委员会进行审查，提出意见。"合宪性审查的职权有一定的范围和特定程序要求，只能由"全国人民代表大会常务委员会"来进行。党的十九大报告明确提出推进合宪性审查，这一制度安排，是将现行《中华人民共和国立法法》所规定的合宪性审查工作付诸实践，让制度"动起来""用起来"。让宪法真正成为判断人们行为对错的是非标准和判断行政法规、地方性法规、自治条例和单行条例是否合宪的依据。

按照党的十九大报告要求："加强宪法实施和监督，推进合宪性审查工作，维护宪法权威。"这一重要安排，将会给法治领域建设带来深刻变革，让法治原则和法治精神真正落到实处，彻底解决束缚法治建设的瓶颈，保障在党领导下的法治统一性、宪法权威性。

亲清新型政商关系

表述

"构建亲清新型政商关系，促进非公有制经济健康发展和非公有制经济人士健康成长。"①

解读

构建亲清新型政商关系，是习近平总书记在 2016 年 3 月 4 日，参加全国政协十二届四次会议时提出："新型政商关系，概括起来说就是'亲''清'两个字。对领导干部而言，所谓'亲'，就是要坦荡真诚同民营企业接触交往，特别是在民营企业遇到困难和问题情况下更要积极作为、靠前服务，对非公有制经济人士多关注、多谈心、多引导，帮助解决实际困难。所谓'清'，就是同民营企业家的关系要清白、纯洁，不能有贪心私心，不能以权谋私，不能搞权钱交易。对民营企业家而言，所谓'亲'，就是积极主动同各级党委和政府及部门多沟通多交流，讲真话，说实情，建诤言，满腔热情支持地方发展。所谓'清'，就是要洁身自好、走正道，做到遵纪守法办企业、光明正大搞经营。"

习近平总书记在民建、工商联、经济界委员联组会上，首次用"亲""清"两个字定位新型政商关系。十九大报告中再次强调，"构建亲清新型政商关系，促进非公有制经济健康发展和非公有制经济人士健康成长。"一系列的定位，不仅让非公有制经济健康发展，政商双方有规可依、有度可量，更给党员干部和企业家之间如何建立健康关系指明了方向、划出了底线。为如何打交道，指明了方向、划出了底线。这对于打造绿色的政治生态、构建公正市场环境、营造良好的社会风气具有重大意义。

习近平总书记强调："非公有制经济要健康发展，前提是非公有

---

① 习近平：《决胜全面建成小康社会 夺取新时代中国特色社会主义伟大胜利——在中国共产党第十九次全国代表大会上的报告》，人民出版社 2017 年版，第 40 页。

制经济人士要健康成长。广大非公有制经济人士要加强自我学习、自我教育、自我提升，十分珍视和维护好自身社会形象。"因此，要界限分明，彼此清白。只有政商边界清晰、互不勾结，才能良性互动，共同推动整个社会健康发展。习近平总书记还强调："要深入开展以'守法诚信、坚定信心'为重点的理想信念教育实践活动，积极践行社会主义核心价值观，做爱国敬业、守法经营、创业创新、回报社会的典范，在推动实现中华民族伟大复兴中国梦的实践中谱写人生事业的华彩篇章。广大民营企业要积极投身光彩事业和公益慈善事业，致富思源，义利兼顾，自觉履行社会责任。"因此，政商之间要公开透明、平等相处，要依法依规、坚守底线。

构建亲清新型政商关系，有助于良性互动，推动社会健康发展。我们必须在思想上坚持中国特色社会主义方向，原则上坚持法治，道德上自我约束，有序有效，方能积极构建新型政商关系。

服务型政府

表述

"转变政府职能，深化简政放权，创新监管方式，增强政府公信力和执行力，建设人民满意的服务型政府。"①

解读

建设人民满意的服务型政府，是指党把为人民服务的宗旨贯穿

---

① 习近平：《决胜全面建成小康社会 夺取新时代中国特色社会主义伟大胜利——在中国共产党第十九次全国代表大会上的报告》，人民出版社2017年版，第39页。

到行政体制改革全过程，通过转变政府职能，深化简政放权，创新监管方式，增强政府公信力和执行力。同时，牢固树立以人为本的管理理念，尊重人民的主体地位，把维护好、实现好、发展好最广大人民群众的根本利益作为一切工作的出发点和落脚点，最大限度改善人民生活、增进人民福祉。在保障经济发展的基础上，促进和维护社会公平正义，真正做到发展为了人民、发展依靠人民、发展成果由人民共享，最大限度地体现人民政府为人民。

2012 年，党的十八大报告提出，"要建设职能科学、结构优化、廉洁高效、人民满意的服务型政府。"五年前，习近平总书记和中外记者见面时重点提道："人民对美好生活的向往，就是我们奋斗的目标。"党的十九大报告中，习近平总书记再次强调："要转变政府职能，深化简政放权，创新监管方式，增强政府公信力和执行力，建设人民满意的服务型政府。"这是新时代中国特色社会主义的新部署。

习近平总书记强调："党的一切工作必须以最广大人民根本利益为最高标准。我们要坚持把人民群众的小事当作自己的大事，从人民群众关心的事情做起，从让人民群众满意的事情做起，带领人民不断创造美好生活！"建设人民满意的服务型政府，是由党的性质决定，是深化行政体制改革、加强政府自身建设的核心目标。涉及政治、经济、文化、社会等各个领域，任务艰巨复杂。

我国《宪法》规定："中华人民共和国的一切权力属于人民。"人民是历史的创造者，是决定党和国家前途命运的根本力量，是政府的权力来源，又是政府的服务对象。在政府工作中，我们必须坚持人民主体地位，以人民为中心，牢固树立为人民服务的理念。着重强化政府公共服务职能、创新行政体制和管理方式、积极推进政务公开、建立高效的政务服务体系、带头守法、依法行政。

党的一切工作必须以广大人民根本利益为最高标准。坚持立党为公、执政为民，把党的群众路线贯彻到治国理政全部活动之中，摒弃一切不合时宜的思想观念，坚决担当使命，践行全心全意为人民服务的根本宗旨，把人民对美好生活的向往作为奋斗目标，建设人民满意的服务型政府，依靠人民创造历史伟业，将改革进行到底。

网络综合治理体系

表述

"加强互联网内容建设，建立网络综合治理体系，营造清朗的网络空间。"①

解读

习近平总书记强调，网络空间是亿万民众共同的精神家园。网络空间天朗气清、生态良好，符合人民利益。我们要本着对社会负责、对人民负责的态度，依法加强网络空间治理，加强网络内容建设，做强网上正面宣传，培育积极健康、向上向善的网络文化，用社会主义核心价值观和人类优秀文明成果滋养人心、滋养社会，做到正能量充沛、主旋律高昂，为广大网民特别是青少年营造一个风

---

① 习近平：《决胜全面建成小康社会 夺取新时代中国特色社会主义伟大胜利——在中国共产党第十九次全国代表大会上的报告》，人民出版社 2017 年版，第 42 页。

清气正的网络空间。

建立网络综合治理体系需要来自多方面的努力。一是相关法律规范、管理办法的出台和完善，比如我们正在推行的网络实名制等；二是来自我们的宣传和教育工作，在引导民众树立正确的网络使用观念方面发挥了一定的作用；三是事物本身的发展状况，互联网现在发展相对成熟，人们的认识也随之改变。

互联网的内容建设可以从如下几个方面着手：一是建构一系列的规范和规则体系，使互联网的各个参与方，包括政府部门、企业、个人在进行以互联网为核心的活动时做到有章可循、有规范可以去遵守。二是号召党政机关、人民团体充分利用互联网平台进行信息的传递，让信息多跑路，让百姓少跑腿。三是注重地方互联网信息办公室在属地管理方面的作用，发挥国家互联网信息办公室的主导作用。四是鼓励互联网企业进行内部的制度建设，强化平台责任。互联网内容建设的重点在于抓思想文化等方面，实现的途径是加强内容监管。同时，给各种形态的网络内容提供了一个正规的发布渠道，例如，网民自己制作的电影、视频等。

从法律意义上来讲，综合治理涉及各种法律法规的修改完善，建立完善的、科学的法律，做到有法可依、有法必依。同时要处理好发展与安全的辩证关系。

综合治理或者说更深层次的综合治理，最重要的是要解决根源问题。网络综合治理体系是一个系统工程，网络治理中的很多问题是在发展过程中发现的、在发展中解决的。清朗是一种理想的状态，也是目标，更是一种秩序的构建，是网络文化内容的丰富以及雅俗共赏。

中国特色新型智库建设

表述

"加强中国特色新型智库建设，建立健全决策咨询制度。"①

解读

2014年10月27日，习近平总书记主持召开中央全面深化改革领导小组第六次会议并发表重要讲话时强调："我们进行治国理政，必须善于集中各方面智慧、凝聚最广泛力量。改革发展任务越是艰巨繁重，越需要强大的智力支持。要从推动科学决策、民主决策，推进国家治理体系和治理能力现代化、增强国家软实力的战略高度，把中国特色新型智库建设作为一项重大而紧迫的任务切实抓好。"

中国特色新型智库是国家治理体系和治理能力现代化的重要内容。智库在国家治理中发挥着越来越重要的作用，是国家治理能力的重要体现，是国家治理体系中不可或缺的重要组成部分。

中国特色新型智库也是国家软实力的重要载体，并且越来越成为国际竞争力的重要因素，在对外交往中发挥着不可替代的作用。中国特色新型智库在公共外交和文化互鉴中不断地发挥着重要的作用，增强了我国的国际影响力和国际话语权。

---

① 党的十八届三中全会通过的《中共中央关于全面深化改革若干重大问题的决定》，2014年10月29日。

中国特色新型智库建设要以服务党和政府决策为宗旨，以完善组织形式和管理方式为重点，以政策研究咨询为主攻方向，以改革创新为动力，更好地服务党和国家工作大局，为实现中华民族伟大复兴的中国梦提供智力支撑和保障。

中国特色新型智库建设应遵循的原则为：坚持党的领导，坚持围绕中心、服务大局、把握正确导向，坚持科学精神、大胆探索、规范有序发展，坚持求真务实、理论联系实际、不断改革创新。

建设新型智库的总体目标：到 2020 年，统筹推进党政部门、党校行政学院、社科院、高校、军队、科研院所和企业、社会智库协调发展，形成定位明晰、特色鲜明、规模适度、布局合理的中国特色新型智库体系，重点建设一批具有较大影响力和国际知名度的高端智库，造就一支政治正确、富于创新精神、德才兼备的公共政策研究和决策咨询队伍，建立一套治理完善、充满活力、监管有力的智库管理体制和运行机制，充分发挥中国特色新型智库咨政建言、理论创新、社会服务、舆论引导、公共外交等重要职能。

建设新型智库要注重深化管理体制改革、深化研究体制改革、深化经费管理制度改革、深化成果评价和应用转化机制改革、深化国际交流合作机制改革。同时还要健全制度保障体系、完善重大决策意见征集制度、建立健全政策评估制度、建立政府购买决策咨询服务制度、健全舆论引导机制、加强组织领导、不断完善智库管理、加大资金投入保障力度、加强智库人才队伍建设。

丝 路 精 神

表述

"坚持以和平合作、开放包容、互学互鉴、互利共赢为核心的丝路精神，携手推动'一带一路'建设行稳致远，将'一带一路'建成和平、繁荣、开放、创新、文明之路，迈向更加美好的明天。"①

解读

和平合作是丝路精神的核心精髓，开放包容是丝路精神的显著特征，互学互鉴是丝路精神的集中体现，互利共赢是丝路精神的宗旨目标。

和平合作，就是通过坦诚对话、深入沟通进行平等交流，不断深化不同国家和地区之间的交流合作，形成命运共同体、责任共同体，将政治关系优势、地缘相邻优势、经济互补优势转化为务实合作优势、持续增长优势。和平与发展是时代的主题，以和平促进合作、以合作推动发展是当今时代的潮流。建设"一带一路"，就是要积极提倡新型安全观，主张国际关系民主化，倡导通过和平对话、谈判协商等方式解决国际分歧和争端，促进世界和平、稳定、发展。

开放包容，就是以世界眼光和战略思维兼收并蓄、博采众长。这是丝绸之路精神最显著的特征。开放是一种姿态、一种思维，包

① 习近平在"一带一路"国际合作高峰论坛开幕式上的讲话，2017年5月14日。

容是一种气度、一种涵养。弘扬开放包容的精神，不仅要"开眼看世界"，还要主动融入世界，在深化丝绸之路沿线国家间的交流合作中，应坚持相互包容、求同存异，充分尊重各国自主选择社会制度和发展道路的权利，进而实现共同发展与繁荣。

互学互鉴，就是在尊重文明多样性、道路多样化和发展水平不平衡等差异的基础上相互学习、相互借鉴，取长补短、共同提高。建设"一带一路"，应消除疑虑和隔阂，以虚心的态度和包容的精神，学习各国发展的有益经验，吸收借鉴人类文明成果，推动不同文明和谐共处、相互尊重，让文明交流互鉴成为增进各国人民友谊的桥梁、推动人类社会进步的动力、维护世界和平的纽带。

互利共赢，就是不同种族、不同信仰、不同文化背景的国家和地区通过互惠合作，共同应对威胁和挑战，共同谋划利益和福祉，进而实现互惠互利的共赢发展。"既要让自己过得好，也要让别人过得好。"丝绸之路经济带把欧亚大陆的不同区域连接起来，把不同国家的利益融合起来，努力实现优势互补、机遇共享、共同繁荣，形成共谋发展、共享利益的利益共同体。深化友好合作，实现互利共赢，是推动沿线国家和地区发展的持久动力，更是凝聚利益的纽带。应不断扩大合作领域、创新合作方式，加快构建以能源合作为主轴，以基础设施建设、贸易和投资便利化为两翼，以核能、航天卫星、新能源三大高新领域为突破口的全面战略合作伙伴关系。

和平合作是前提，开放包容是根本，互学互鉴是手段，互利共赢是目的。作为丝绸之路沿线各国人民共有的价值追求，作为欧亚各国在彼此交往的历史进程中积累的经验和智慧总结，丝绸之路精神对于建设"一带一路"，进一步促进不同国家、不同地区人民的心灵交融，意义十分重大。大力传承和弘扬丝绸之路精神，就要按照习近平主席讲话所要求的，做到促进文明互鉴，尊重道路选择，坚持合作共赢，倡导对话和平。

加强和创新社会治理

表述

"提高保障和改善民生水平，加强和创新社会治理。"①

解读

加强和创新社会治理，是我国社会主义社会发展规律的客观要求，是社会安定有序、人民安居乐业、国家长治久安的重要保障。当前，我国发展仍处于可以大有作为的重要战略机遇期，也面临诸多矛盾叠加、风险隐患增多的严峻挑战。要适应新形势，增强风险意识，深化对社会治理规律的认识，以理念思路、体制机制、方法手段创新为动力，以现代科学技术为引领，以基层基础建设为支撑，提高社会治理现代化水平。

习近平总书记指出，加强和创新社会治理就是要坚持问题导向，把专项治理和系统治理、综合治理、依法治理、源头治理结合起来。要完善社会治安综合治理体制机制，加快建设立体化、信息化社会治安防控体系。各级党委和政府要高度重视社会治理工作，落实社

① 习近平：《决胜全面建成小康社会 夺取新时代中国特色社会主义伟大胜利——在中国共产党第十九次全国代表大会上的报告》，人民出版社2017年版，第44页。

会治安综合治理领导责任制，切实肩负起促一方发展、保一方平安的政治责任。

　　加强和创新社会治理的主要举措：一是构建全民共建共享的社会治理格局。当今时代信息互通、资源共享、社会合作。这就要求我们树立合作、互通、共享理念，打造社会治理人人有责、人人尽责的命运共同体，构建全民共建共享的社会治理格局。二是加强社会治理基础制度建设。要建立国家人口基础信息库。要加快国家人口信息管理系统升级改造，逐步实现跨部门、跨地区信息整合和共享，确保基础信息全面、准确。要完善社会信用体系。要加快建立基于公民身份号码的信任根制度，以保障实名制的落实。建立统一社会信用代码制度和相关实名登记制度，消除网上网下各领域虚假身份。建立违法犯罪记录与信用、职业准入等挂钩制度，强化对守信者的鼓励和对失信者的惩戒。坚持推行实名制和保护公民个人信息安全并重，健全用户信息保护制度，加强对用户个人隐私、商业秘密的保护。要健全社会心理服务体系和疏导机制、危机干预机制。要开展社会关爱行动，发展社会专业服务机构，加强社会工作专业人才队伍和社会志愿者队伍建设。建立健全心理卫生服务体系，积极开展心理调节疏导工作，建立心理危机干预预警机制，防范和降低社会风险，防止发生极端事件。三是完善社会治安综合治理体制机制。要以信息化为支撑加快建设社会治安立体防控体系，还要完善社会矛盾纠纷排查预警和调处化解综合机制、建设基础综合服务管理平台。健全公共安全体系，增强风险意识，落实安全生产责任和管理制度，加强防灾减灾能力建设。

教育强国建设

表述

"建设教育强国是中华民族伟大复兴的基础工程，必须把教育事业放在优先位置，深化教育改革，加快教育现代化，办好人民满意的教育。"①

解读

习近平总书记在《致清华大学苏世民学者项目启动的贺信》中指出，"教育决定着人类的今天，也决定着人类的未来。"教育强国战略的实施，意义深远。2010 年 7 月，党中央、国务院召开新世纪第一次全国教育工作会议，颁布实施《国家中长期教育改革和发展规划纲要》，绘就了 2010 年至 2020 年教育改革发展的宏伟蓝图。

教育是民族振兴、社会进步的重要基石。强国必先强教。在一个拥有 13 亿多人口的大国，推进教育事业改革和发展、办好人民满意的教育任重道远。全面建成小康社会，实现"两个一百年"奋斗目标，实现中华民族伟大复兴的中国梦，教育事业一定会续写华章、大有作为。

建设教育强国，需要我们在教育改革中坚持文化自信，吸收历史上教育文化的优秀遗产和经验，审慎学习国外一切先进的教育文

---

① 习近平：《决胜全面建成小康社会 夺取新时代中国特色社会主义伟大胜利——在中国共产党第十九次全国代表大会上的报告》，人民出版社 2017 年版，第 45 页。

化观念、政策和做法，使社会主义先进文化及教育思想、传统文化及教育思想、革命文化及教育思想，在各级各类教育中均有鲜明的体现。

教育强国战略要求我们要全面贯彻落实党的教育方针，落实立德树人的根本任务，把社会主义核心价值观渗透到教育教学的各个方面，促进学生健康和谐发展，正确认识教育的本质，科学确定各阶段教育的目的。

要以创新释放教育发展的活力、增强教育发展的动力，创新人才培养模式，尊重教育规律和学生身心发展规律，完善以突出创新为导向的教育评价制度体系，为创新型人才培养提供良好的环境和机制。要以协调发展不断优化教育结构，引领经济社会发展，推动城乡教育、普职教育协调发展。提升教育质量，注重内涵建设。要以开放发展拓展教育资源，加强与世界各国的全面交流与合作，学习借鉴国外先进的办学思想与模式。还要打破校与校之间的壁垒，扩大系统内部的开放共享，促进师资、设施设备、课程等资源的开放与共享。既要充分利用社会资源，又要让社会分享教育资源，形成家校共育、学校社会协同的良好教育生态，促进教育公平，加快教育信息化步伐，扩大优质教育资源共享。

建设教育强国就要教育的硬实力与软实力并举，要求教育发展要由数量增长、规模扩张转入到内涵发展、以人为本的新阶段。"提高质量"与"促进公平"有机统一、共同发展。

实施教育强国战略就是要办好"优质公平"的教育，要求将规模与质量、优质与公平统筹考虑，将过程与结果统筹考虑，有机统一，其实质就是从教育大国迈向教育强国，意义重大，影响深远。教育领域综合改革是激发教育发展活力和动力的重要途径。

一方面要加大投入扩大优质教育资源；另一方面要科学配置资源以扩大优质资源的受益面。特别是要通过综合改革，树立正确的教育政绩观和科学的教育发展观，尽可能扩大优质教育资源的总量和共享水平。

教育强国战略面向世界谋划教育格局，体现了国际胸襟。尊重国情，面向国内教育实际谋划教育改革和发展方向，突出了问题导向，注重群众的获得感，体现了为民情怀，具有深远的意义。

"双一流"建设

表述

"加快一流大学和一流学科建设，实现高等教育内涵式发展。"①

解读

"世界一流大学和一流学科建设"，是继"985 工程""211 工程"后，中国高等教育领域的又一项国家重点建设工程。教育部部长陈宝生在 1 月 13 日、14 日举行的 2017 年全国教育工作会议上确认，中国大学"双一流"建设将在 2017 年全面启动。

"双一流"建设的意义：创建世界一流大学和一流学科是国家全面崛起的迫切要求。世界一流大学和一流学科是尖端科学研究、技术发展的主要力量，不仅是科学、技术和教育的摇篮，而且是现代

---

① 习近平：《决胜全面建成小康社会 夺取新时代中国特色社会主义伟大胜利——在中国共产党第十九次全国代表大会上的报告》，人民出版社 2017 年版，第 46 页。

人类文化、思想的重要源泉。目前我国的一流大学和一流学科数量过少、水平偏低，尚不能满足经济社会发展和国家长远发展战略的需要。创建世界一流大学对于提升我国教育发展水平，增强国家核心竞争力，建立民族自信心和自豪感，具有重大意义，也为经济社会持续快速、长远发展奠定了基础。

"双一流"建设的责任：创建世界一流大学是办人民满意教育的迫切要求。我国高等教育从建设总体上看，尚不能满足人民群众对优质高等教育资源的需要，必须要统筹谋划，完善推进机制，加快推进世界一流大学和一流学科建设，努力实现我国从高等教育大国到高等教育强国的历史性跨越。

创建世界一流学科也是行业高校实现自身使命的迫切要求。高水平行业特色型高校的发展必须与国家重大战略和需求同呼吸、共命运，始终站在行业领域科技创新和人才培养的前沿。努力培养出具有强烈社会责任感和艰苦精神，基础扎实、实践能力和创新能力强的行业精英人才，以及行业技术领军人才或领导人才。

"双一流"建设的抓手：一个国家能否在世界舞台上全面崛起，核心是教育，关键是能否拥有世界一流大学。近代世界历史上，没有任何一个大国，可以在高等教育落后的情况下能真正成为全面领先的世界强国。因此，党中央、国务院在"十三五"开局之年明确提出了要"使若干高校和一批学科达到或接近世界一流水平"的"双一流"大学建设目标。

学科是大学的根基和细胞，关系着大学的生存和发展，也是建设"双一流"的抓手。学科建设是大学全面建设的核心，创建世界一流大学离不开世界一流学科的创建与发展。一流的专业造就一流的培养质量，人才培养是衡量大学水平和形成大学声誉的关键。建设世界一流大学与建设世界一流学科、一流专业密不可分。

建设世界一流大学必须建设世界一流学科。学科是高校核心竞争力的重要体现。学科水平的高低对于高校人才培养的质量、服务社会的能力、科学研究的水平，都直接或间接地起着重要的基础性作用。建设世界一流大学必须建设世界一流专业。一方面，要注重专业类型培养，特别是要依托优势学科专业培养不同类型的高精尖人才。另一方面，要注重人才综合素质培养，使其具备较强的创新能力和工程实践能力。打造一流专业必须要依据行业和区域发展需要。一要建立专业结构动态调整机制；二要以市场需求为导向，建立课程动态调整机制；三要强化学科专业评估与监控，完善专业建设评审保障机制。

建设世界一流学科是服务行业的需要。行业特色型高校根源于行业，科研创新和参与国家创新体系、创新项目建设的平台也在行业。建设世界一流学科要努力形成学科"高原"。行业特色型高校应站在本领域学术前沿，以国家重点学科建设项目为牵引，以团队建设、平台建设及国家重大科研项目为载体，重点建设特色学科群。同时，要强化交叉学科研究，加强学院之间的交叉建设和沟通融合，推动基础学科与应用学科的互为利用，实现多类型学科交叉协同和相互渗透。

建设世界一流学科和一流大学，需要各方共同努力，完善政府、社会、学校相结合的共建机制，形成多层次推进、多元化投入的格局。还必须要全面提高办学质量且教育行政部门要加大政策引导与支持力度。

城乡义务教育一体化

表述

"推动城乡义务教育一体化发展，高度重视农村义务教育，办好学前教育、特殊教育和网络教育，普及高中阶段教育，努力让每个孩子都能享有公平而有质量的教育。"[①]

解读

十九大报告指出：建设教育强国是中华民族伟大复兴的基础工程，必须把教育事业放在优先位置，加快教育现代化，办好人民满意的教育。要全面贯彻党的教育方针，落实立德树人根本任务，发展素质教育，推进教育公平，培养德智体美全面发展的社会主义建设者和接班人。

城乡义务教育一体化是落实党中央、国务院的新部署、适应义务教育改革发展新形势、回应广大人民群众新关切的重大举措，党的十八届五中全会就提出，要健全城乡发展一体化体制机制，推进城乡要素平等交换、合理配置和基本公共服务均等化。2016 年 5 月20 日，中央全面深改领导小组第 24 次会议审议通过《关于统筹推进县域内城乡义务教育一体化改革发展的若干意见》。7 月 11 日，国务院正式印发实施。

---

① 习近平：《决胜全面建成小康社会 夺取新时代中国特色社会主义伟大胜利——在中国共产党第十九次全国代表大会上的报告》，人民出版社 2017 年版，第 45 页。

　　城乡义务教育一体化改革发展的主要工作目标为：一是加快推进县域内城乡义务教育学校建设标准统一、教师编制标准统一、生均公用经费基准定额统一、基本装备配置标准统一，"两免一补"政策城乡全覆盖。二是"乡村弱、城镇挤"的难题逐步得到解决，即城乡学校布局更加合理，大班额基本消除，学校标准化建设取得显著进展，城乡师资配置基本均衡，乡村教师待遇稳步提高，岗位吸引力大幅增强，乡村教育质量明显提升。三是九年义务教育巩固率达到95%，大家知道我们现在是93%，要提升2个百分点。县域义务教育均衡发展和城乡基本公共教育服务均等化基本实现。

　　十项重大改革和发展举措有：一是同步建设城镇学校，扩大城镇学位供给；二是努力办好乡村教育，着力提升乡村教育质量；三是科学推进学校标准化建设，全面改善贫困地区义务教育薄弱学校基本办学条件；四是统筹城乡师资配置，着力解决乡村教师结构性缺员和城镇师资不足的问题；五是实施消除大班额计划，解决城镇大班额问题；六是改革乡村教师待遇保障机制，实行乡村教师收入分配倾斜政策；七是改革教育治理体系，提升学校办学水平；八是改革控辍保学机制，提高义务教育巩固水平；九是改革随迁子女就学机制，保障平等接受义务教育的权利；十是加强留守儿童关爱保护，促进他们健康成长。

　　相关保障性措施为：加强党的领导、强化政府责任、加强督导检查，地方各级政府要加强义务教育工作专项检查，定期向同级人民代表大会或常务委员会报告。各级教育督导部门开展县域内城乡义务教育一体化专项督导检查，强化督导结果的运用。

　　重要任务是：补齐农村教育短板，针对较小学校培养农村教师，统筹调配编制内的教师资源，着力解决乡村教师结构性的缺员问题。

还要合理布局义务教育学校，在交通便利、公共服务成型的农村地区合理布局学校，重点建设一些寄宿制学校，同时保留并办好必要的乡村小规模学校。积极改善乡村学校的办学条件。提升乡村学校信息化水平，促进城乡优质教育的资源共享。深化中小学教师职称制度改革，健全制度体系，积极设置新的中小学教师水平评价基本标准条件，改变原来过分强调论文和学历的倾向，把教书育人的工作实绩作为评价的一个重要依据。创新评价机制，坚持公开、公平、公正，突出以同行专家评审为基础的水平和能力评价，并制定一些针对农村学校的倾斜政策。坚持标本兼治、科学规划、均衡发展、规范管理的思路。做好城乡义务教育学校的规划建设，鼓励大学生支教为贫困地区教育事业作出积极贡献，同时还要重视关爱保护留守儿童，并提出相关举措。

住 有 所 居

表述

"坚持房子是用来住的、不是用来炒的定位，加快建立多主体供给、多渠道保障、租购并举的住房制度，让全体人民住有所居。"①

解读

住有所居，概括来讲，就是要做到"低端有保障，中端有支持，

---

① 习近平：《决胜全面建成小康社会 夺取新时代中国特色社会主义伟大胜利——在中国共产党第十九次全国代表大会上的报告》，人民出版社 2017 年版，第 47 页。

高端有市场"。

"低端有保障",就是通过保障性住房建设解决低收入群体的基本住房需求。低收入群体由于自身经济条件的限制,没有能力进入市场,只能依靠政府保障解决住房问题。各级政府要制订保障性住房建设规划,确保保障性住房用地在土地供应中的比例、保障性住房在住房供应中的比例,并优先保证供应。加大公共财政投入力度,多渠道筹集保障性住房建设资金,落实土地出让收入的一定比例主要用于保障性住房建设的规定。采取各种措施加大住房保障力度,逐步改善这部分困难群众的居住条件。

"中端有支持",就是采取措施支持中等收入群体解决住房问题。中等收入特别是中等偏下群体既享受不了政府提供的保障性住房,又难以承担价格高昂的商品房,被称为"夹心层"。对这部分群体,应通过加大经济适用住房建设力度,适当扩大经济适用住房供应范围,加快建设限价商品房、公共租赁住房等方式,积极帮助他们解决住房困难。

"高端有市场",就是支持有支付能力的群体通过市场解决住房问题。逐步完善房地产市场体系,加强宏观调控,规范市场秩序,促进房地产市场持续、稳定、健康发展,使高端市场在满足高收入群体多样化的住房需求、促进经济发展方面发挥更大作用。

"安得广厦千万间,大庇天下寒士俱欢颜。"古往今来,住房始终倾注着人们许多的希冀与憧憬。随着经济社会不断发展和住房制度改革不断深化,通过党和政府、社会各方面坚持不懈的努力,广大群众的住房问题会得到更好的解决,"住有所居"的目标将一步步变为现实。

要实现"住有所居",一个很重要的方面就是要求普通群众转变住房观念。要从我国国情出发，树立适度、合理、节约的住房消费观念，不盲目攀比、放大自己的住房预期。对很多年轻人来说，可以考虑先租房，或者买小户型住房，随着经济实力增加，逐步改善住房条件。合理的住房消费结构，既包括购买住房，也包括租赁住房，在一些发达国家，租赁住房的比例较高，特别是在中低收入人群中，以租赁方式保障阶段性住房需求是通行做法。立足实际、量力而行、合理消费，从租到买、从小到大的梯度消费，应是适合当前社会实际的住房消费模式。这不仅能使社会对住房的需求平缓有序释放，还可以对房地产业和经济形成持续的拉动力。因此，政府和社会机构应该大力倡导和引导人们科学合理的住房消费观念和健康的住房消费预期。

健康中国战略

表述

"要把人民健康放在优先发展的战略地位，以普及健康生活、优化健康服务、完善健康保障、建设健康环境、发展健康产业为重点，加快推进健康中国建设，努力全方位、全周期保障人民健康，为实现'两个一百年'奋斗目标、实现中华民族伟大复兴的中国梦打下坚实健康基础。实施健康中国战略。人民健康是民族昌盛和国家富强的重要标志。民之所望，政之所为。"[①]

---

① 习近平在全国卫生与健康大会上的讲话，2016 年 8 月 19 日至 8 月 20 日。

🐾 解读

2016 年中共中央总书记习近平在全国卫生与健康大会上发表重要讲话时强调，没有全民健康，就没有全面小康。

推进健康中国建设，是全面建成小康社会、基本实现社会主义现代化的重要基础，是全面提升中华民族健康素质、实现人民健康与经济社会协调发展的国家战略，是积极参与全球健康治理、履行2030 年可持续发展议程国际承诺的重大举措。

主要遵循健康优先、改革创新、科学发展、公平公正四个原则。战略主题为"共建共享、全民健康"。共建共享是建设健康中国的基本路径；全民健康是建设健康中国的根本目的。

战略目标为：到 2020 年，建立覆盖城乡居民的中国特色基本医疗卫生制度，健康素养水平持续提高，健康服务体系完善高效，人人享有基本医疗卫生服务和基本体育健身服务，基本形成内涵丰富、结构合理的健康产业体系，主要健康指标居于中高收入国家前列。到 2030 年，促进全民健康的制度体系更加完善，健康领域发展更加协调，健康生活方式得到普及，健康服务质量和健康保障水平不断提高，健康产业繁荣发展，基本实现健康公平，主要健康指标进入高收入国家行列。到 2050 年，建成与社会主义现代化国家相适应的健康国家。

具体目标为：一是人民健康水平持续提升；二是主要健康危险因素得到有效控制；三是健康服务能力大幅提升；四是健康产业规模显著扩大；五是促进健康的制度体系更加完善。

主要指标为：普及健康生活，提高全民健康素养，加大学校健康教育力度。塑造自主自律的健康行为，引导合理膳食、开展控烟限酒。促进心理健康，减少不安全性行为和毒品危害，提高全民身体素质，完善全民健身公共服务体系，广泛开展全民健身运动。加强体医融合和非医疗健康干预，促进重点人群体育活动，优化健康服务，强化覆盖全民的公共卫生服务。防治重大疾病，加强重大传染病防控，完善传染病监测预警机制。

完善计划生育服务管理，推进基本公共卫生服务均等化。提供优质高效的医疗服务，完善医疗卫生服务体系。创新医疗卫生服务供给模式，提升医疗服务水平和质量。充分发挥中医药独特优势，提高中医药服务能力、发展中医养生保健治未病服务、推进中医药继承创新。

加强重点人群健康服务，提高妇幼健康水平。促进健康老龄化，维护残疾人健康，完善健康保障。健全医疗保障体系，完善全民医保体系，健全医保管理服务体系。积极发展商业健康保险，完善药品供应保障体系。深化药品、医疗器械流通体制改革，完善国家药物政策。

建设健康环境，深入开展爱国卫生运动，加强城乡环境卫生综合整治，建设健康城市和健康村镇。加强影响健康的环境问题治理，深入开展大气、水、土壤等污染防治、实施工业污染源全面达标排放计划。建立健全环境与健康监测，调查和风险评估制度，保障食品药品安全。加强食品安全监管，强化药品安全监管。完善公共安全体系，强化安全生产和职业健康。促进道路交通安全，预防和减少伤害，提高突发事件应急能力，健全口岸公共卫生体系。

发展健康产业、优化多元办医格局、发展健康服务新业态。积极发展健身休闲运动产业，促进医药产业发展。加强医药技术创新、提升产业发展水平、健全支撑与保障。深化体制机制改革、把健康融入所有政策。

全面深化医药卫生体制改革，完善健康筹资机制，加快转变政府职能。进一步推进健康相关领域简政放权、放管结合、优化服务。加强健康人力资源建设，加强健康人才培养培训、创新人才使用评价激励机制。

推动健康科技创新，构建国家医学科技创新体系。推进医学科技进步，建设健康信息化服务体系。完善人口健康信息服务体系建设，推进健康医疗大数据应用。加强健康法治建设，加强国际交流合作、强化组织实施和组织领导、营造良好社会氛围、做好实施监测。

美 丽 中 国

表述

"加快生态文明体制改革，建设美丽中国。"①

解读

党的十八大报告指出：建设生态文明，是关系人民福祉、关乎民族未来的长远大计。面对资源约束趋紧、环境污染严重、生态系统退化的严峻形势，必须树立尊重自然、顺应自然、保护自然的生态文明理念，把生态文明建设放在突出地位，融入经济建设、政治建设、文化建设、社会建设各方面和全过程，努力建设美丽中国，

---

① 习近平：《决胜全面建成小康社会 夺取新时代中国特色社会主义伟大胜利——在中国共产党第十九次全国代表大会上的报告》，人民出版社 2017 年版，第 50 页。

实现中华民族永续发展。

生态文明就是人与自然和谐，是把自然与文明结合起来。它是工业文明发展到一定阶段的产物，是超越工业文明的新型文明境界，是正在积极推动、逐步形成的一种社会形态，是人类社会文明的高级形态。推进生态文明建设是与我们党一贯倡导和追求的理念一脉相承的，是我们党对自然规律及人与自然关系再认识的重要成果，是科学发展观的重要内涵，是对坚持和发展中国特色社会主义的重大理论创新。之所以要把生态文明建设放在突出地位，一个重要原因是只有推进生态文明建设，才能保持经济持续健康发展。一方面我国经济发展面临的资源环境制约越来越凸显，石油、铁矿石等重要资源对外依存度快速上升，三分之二的城市缺水，耕地逼近 18 亿亩红线；另一方面环境污染严重，环境状况总体恶化趋势没有根本遏制，生态系统退化，由此带来的自然灾害频发。资源环境问题的出现，背后有体制政策、发展方式等方面的原因，也有思想认识、自然观方面的原因，比如生态文明的理念没有树立，生态不文明的做法普遍存在，自然的价值还不被承认。推进生态文明建设，就是坚持以人为本，提高人民生活质量，满足人民日益增长的对良好生态环境、对优质生态产品的需求。在实现我们这一代发展的同时，也要顾及后代的生存发展，这样才能保障中华民族世世代代永续发展下去。

建设美丽中国，一要优化国土空间开发格局；二要全面促进资源节约；三要加强生态文明制度建设；四要加大自然生态系统和环境保护力度。保护生态环境必须依靠制度。要把资源消耗、环境损害、生态效益纳入经济社会发展评价体系，建立体现生态文明要求的目标体系、考核办法、奖惩机制。生态文明建设是关系人民福祉、关乎民族未来的长远大计。十八大报告将生态文明建设提高到新的战略层面，必将推动全社会形成善待自然、促进人与自然和谐发展的生态文明理念，推动资源节约型和环境友好型社会建设。

生态文明体制改革

表述

"加快生态文明体制改革，建设美丽中国。"①

解读

2015 年 9 月 11 日，中共中央政治局召开会议，审议通过了《生态文明体制改革总体方案》。

生态文明体制改革的指导思想：坚持节约资源和保护环境基本国策，坚持节约优先、保护优先、自然恢复为主的方针，立足我国社会主义初级阶段的基本国情和新的阶段性特征，以建设美丽中国为目标，以正确处理人与自然的关系为核心，以解决生态环境领域突出问题为导向，保障国家生态安全，改善环境质量，提高资源利用效率，推动形成人与自然和谐发展的现代化建设新格局。

生态文明体制改革的理念：（1）树立尊重自然、顺应自然、保护自然的理念，将生态文明建设融入经济建设、政治建设、文化建设、社会建设各方面和全过程。（2）树立发展和保护相统一的理念，实现

---

① 习近平：《决胜全面建成小康社会 夺取新时代中国特色社会主义伟大胜利——在中国共产党第十九次全国代表大会上的报告》，人民出版社 2017 年版，第 50 页。

发展与保护的内在统一、相互促进。（3）树立绿水青山就是金山银山的理念。（4）树立自然价值和自然资本的理念。（5）树立空间均衡的理念，把握人口、经济、资源环境的平衡点推动发展。（6）树立山水林田湖是一个生命共同体的理念，维护生态平衡。

生态文明体制改革的目标：到 2020 年，构建起由自然资源资产产权制度、国土空间开发保护制度、空间规划体系、资源总量管理和全面节约制度、资源有偿使用和生态补偿制度、环境治理体系、环境治理和生态保护市场体系、生态文明绩效评价考核和责任追究制度等八项制度构成的产权清晰、多元参与、激励约束并重、系统完整的生态文明制度体系，推进生态文明领域国家治理体系和治理能力现代化，努力走向社会主义生态文明新时代。

党的十九大报告在生态文明体制改革方面进一步强调了以下四个方面：（1）推进绿色发展。包括建立健全绿色低碳循环发展的经济体系；构建市场导向的绿色技术创新体系；构建清洁低碳、安全高效的能源体系；实现生产系统和生活系统循环链接；开展创建节约型机关、绿色家庭、绿色学校、绿色社区和绿色出行等行动。（2）着力解决突出环境问题。包括持续实施大气污染防治行动；加快水污染防治；强化土壤污染管控和修复；加强固体废弃物和垃圾处置；健全环保信用评价、信息强制性披露、严惩重罚等制度；构建政府为主导、企业为主体、社会组织和公众共同参与的环境治理体系等。（3）加大生态系统保护力度。包括实施重要生态系统保护和修复重大工程；完成生态保护红线、永久基本农田、城镇开发边界三条控制线划定工作；开展国土绿化行动；完善天然林保护制度；扩大轮作休耕试点，健全耕地草原森林河流湖泊休养生息制度，建立市场化、多元化生态补偿机制。（4）改革生态环境监管体制。包括设立国有自然资源资产管理和自然生态监管机构，完善生态环境管理制度，统一行使全民所有自然资源资产所有者职责，统一行使所有国土空间用途管制和生态保护修复职责，统一行使监管城乡各类污染排放和行政执法职责。构建国土空间开发保护制度，完善主体功能区配套政策，建立以国家公园为主体的自然保护地体系。

绿色技术创新

表述

"构建市场导向的绿色技术创新体系，发展绿色金融，壮大节能环保产业、清洁生产产业、清洁能源产业。"①

解读

绿色技术创新的概念源于 Braun & Wield（1994）提出的绿色技术思想。而随着十八大"全面建成生态文明社会"目标的提出，绿色技术创新一词越来越重要。这一过程可被概括成"为环境而设计—面向环境的制造—面向环境的营销"这一绿色经营链。

绿色技术创新也称为生态技术创新，属于技术创新的一种。一般把以保护环境为目标的管理创新和技术创新统称为绿色技术创新。绿色技术创新是指在创新过程的每一阶段整合环境原则，以实现产

---

① 习近平：《决胜全面建成小康社会 夺取新时代中国特色社会主义伟大胜利——在中国共产党第十九次全国代表大会上的报告》，人民出版社 2017 年版，第 51 页。

品生命周期成本总和最小化为目的的技术创新，是绿色技术从思想形成到推向市场的全过程。它可以降低企业经营成本，提高市场份额，不断扩大企业规模，让技术转让的收益。绿色技术创新能够使企业的经济效益、社会效益和生态效益协调统一起来，最终将实现企业的可持续发展。目前我国企业绿色技术创新面临着技术开发方、绿色技术本身、企业自身以及法律政策及市场机制等宏观环境等因素的影响和制约。

因此，可以从以下几个方面来推进绿色技术创新：一是加强环境管理的力度。政府要加强环境管理的力度，加大企业的环境保护压力，即通过推行企业清洁生产，强化绿色标志认证，以及大力倡导和推进绿色消费，促进企业绿色技术创新。二是建立适应市场机制运行的相关政策体系和法律法规体系。建立适应市场机制运行的环境、财政、税收、金融等政策体系和法律法规体系，为企业绿色技术创新创造良好的外部环境。政府应不断严格环保法规和标准，严格实行污染许可证制度。完善排污收费制度，使环境污染破坏的成本内部化，以真正发挥约束和刺激作用，尽快建立全面反映社会成本、环境成本的价格体系，使各种资源比价合理化，开征环境税，建立生态环境综合补偿机制等。三是建立完备的绿色技术开发中心和服务中心。四是提高企业绿色技术创新能力、建立健全企业创新体制。提高企业绿色技术创新能力、完善企业的系统创新能力，建立健全企业创新体制，使企业成为绿色技术创新的主体。

绿 色 金 融

表述

"构建市场导向的绿色技术创新体系，发展绿色金融，壮大节能环保产业、清洁生产产业、清洁能源产业。"①

解读

2016 年，中国人民银行等七部委发布的《关于构建绿色金融体系的指导意见》中提出，绿色金融是指为支持环境改善、应对气候变化和资源节约高效利用的经济活动，即对环保、节能、清洁能源、绿色交通、绿色建筑等领域的项目投融资、项目运营、风险管理等所提供的金融服务。除此之外绿色金融还有两层含义：一是指金融业自身的可持续发展，二是金融业如何促进环保和经济社会的可持续发展。前者指出金融业要保持可持续发展，避免注重短期利益的过度投机行为；后者则明确"绿色金融"的作用主要是引导资金流向节约资源技术开发和生态环境保护产业，引导企业生产注重绿色环保，引导消费者形成绿色消费理念。

与传统金融相比，"绿色金融"最突出的特点就是，它更强调人类社会的生存环境利益，它将对环境保护和对资源的有效利用程度作为计量其活动成效的标准之一，通过自身活动引导各经济主体注

---

① 习近平：《决胜全面建成小康社会 夺取新时代中国特色社会主义伟大胜利——在中国共产党第十九次全国代表大会上的报告》，人民出版社 2017 年版，第 51 页。

重自然生态平衡。它讲求金融活动与环境保护、生态平衡的协调发展，最终实现经济社会的可持续发展。

虽然目前我国金融机构普遍对发展"绿色金融"颇为热心，但在具体实践中却又面临着诸多的障碍，如"绿色金融"业务风险较高而收益偏低、信息沟通机制有待完善、金融机构缺乏专业领域的技术识别能力、相关政策不完善等。绿色金融与传统金融中的政策性金融有共同点，即它的实施需要由政府政策做推动。环境资源是公共品，除非有政策规定，金融机构不可能主动考虑贷款方的生产或服务是否具有生态效率。我国绿色金融仍存在绿色金融发展缺乏良好的政策和市场环境，绿色金融的发展还缺乏内外部激励和监督，金融主管部门绿色金融发展战略安排和政策配套比较欠缺，金融机构发展绿色金融的战略准备工作进展比较缓慢等问题。

因此，加快推进绿色金融需要做到以下四方面。一是加大绿色金融政策引导，国家应尽快出台对"绿色信贷"的扶持政策，制定"绿色信贷"目录指引、项目环保标准和环境风险评级标准，放宽"绿色信贷"规模控制，实施差别信贷政策，使商业银行开展"绿色金融"业务有利可图。二是健全绿色金融法律法规，通过国家立法确定节能减排约束性指标，从而让"绿色金融"有法可依、有章可循。三是通畅信息交流渠道，有关部门应加强和金融监管部门以及商业银行之间的信息交流，建立有效的信息共享机制。四是加快金融机构改革，金融机构应改变传统的经营理念，积极推进业务转型。

蓝天保卫战

表述

"坚持全民共治、源头防治，持续实施大气污染防治行动，打赢蓝天保卫战。"①

解读

蓝天保卫战是李克强总理 2017 年 3 月 5 日，在中华人民共和国第十二届全国人民代表大会第五次会议上所做的政府工作报告中提出的，是 2017 年政府工作报告 12 个新词之一。一些地区进入采暖期后雾霾频发，冬季空气质量反而恶化，甚至还有地区频现爆表，严重影响群众健康和生产生活。蓝天保卫战即是对大气治理的决心和行动。2017 年的目标是二氧化硫、氮氧化物排放量要分别下降 3%，重点地区细颗粒物（PM$_{2.5}$）浓度明显下降。对于蓝天保卫战，政府工作报告给出了明确的"作战方案"——科学施策、标本兼治、铁腕治理。从加快解决燃煤污染到全面推进污染源治理，从加强机动车排放管理到应对重污染天气，报告里每一项任务部署都是冲着"啃硬骨头"去的。全国各地应该统筹推进，把一项项硬任务落到实处，让大气污染治理更加科学、更加精准、更加有效。

第一，坚决扛起推进生态文明建设的政治责任。坚持以人民为中心的发展思想，深入贯彻习近平生态文明建设重要战略思想，坚

---

① 习近平：《决胜全面建成小康社会 夺取新时代中国特色社会主义伟大胜利——在中国共产党第十九次全国代表大会上的报告》，人民出版社 2017 年版，第 51 页。

定不移，坚持不懈地推动党中央有关生态环境保护和生态文明建设的决策部署落地见效。

第二，加快推动形成绿色发展方式和生活方式。在全社会推动牢固树立社会主义生态文明观，营造崇尚生态文明的社会氛围，推动形成简约适度、绿色低碳的生活方式。构建绿色低碳循环发展的经济体系，不断提升生产领域的科技含量，最大限度地降低生产活动的资源消耗、污染排放强度和总量。

第三，加大生态系统保护力度。加快划定并严守生态保护红线，进一步加强自然保护区建设和管理；推动实施生物多样性保护重大工程，努力增加优质生态产品供给，不断满足人民群众日益增长的优美环境需要。

第四，健全完善生态环境保护体制机制。改革完善环境管理制度，加快构建政府为主导、企业为主体、社会组织和公众共同参与的环境治理体系，加快推动实现生态环境领域治理体系和治理能力现代化。

第五，着力解决突出环境问题。以解决大气、水、土壤污染等突出问题为重点，坚决打好生态环境保护攻坚战，尤其是要坚决打赢蓝天保卫战，持续改善环境质量，让人民群众在良好的环境中生产生活。

新时代的强军目标

表述

"明确党在新时代的强军目标是建设一支听党指挥、能打胜仗、作风优良的人民军队，把人民军队建设成为世界一流军队。"

必须全面贯彻党领导人民军队的一系列根本原则和制度，确立新时代党的强军思想在国防和军队建设中的指导地位，坚持政治建军、改革强军、科技兴军、依法治军，更加注重聚焦实战，更加注重创新驱动，更加注重体系建设，更加注重集约高效，更加注重军民融合，实现党在新时代的强军目标。

适应世界新军事革命发展趋势和国家安全需求，提高建设质量和效益，确保到二〇二〇年基本实现机械化，信息化建设取得重大进展，战略能力有大的提升。同国家现代化进程相一致，全面推进军事理论现代化、军队组织形态现代化、军事人员现代化、武器装备现代化，力争到二〇三五年基本实现国防和军队现代化，到本世纪中叶把人民军队全面建成世界一流军队。[①]

解读

2013 年，习近平主席在十二届全国人大一次会议解放军代表团全体会议上明确提出：要为建设一支听党指挥、能打胜仗、作风优良的人民军队而奋斗。这是总结我们党建军治军成功经验、适应国际战略形势和国家安全环境发展变化、着眼于解决军队建设所面临的突出矛盾和问题提出来的，是党在新形势下的强军目标。这一目标明确了加强军队建设的聚集点和着力点，听党指挥是灵魂，决定军队建设的政治方向；能打胜仗是核心，反映军队的根本职能和军队建设的根本指向；作风优良是保证，关系军队的性质、宗旨、本色。三者相互联系、密不可分，与我军一以贯之的建军治军指导思

---

① 习近平：《决胜全面建成小康社会 夺取新时代中国特色社会主义伟大胜利——在中国共产党第十九次全国代表大会上的报告》，人民出版社 2017 年版，第 19 页。

想和方针原则是一致的，与革命化现代化正规化建设相统一的全面建设思想是一致的。全军要准确把握这一强军目标，用以统领军队建设、改革和军事斗争准备，努力把国防和军队建设提高到一个新水平。

2017 年，习近平主席在庆祝中国人民解放军建军 90 周年阅兵的重要讲话中，回顾了人民军队 90 年来的光辉历程和建立的不朽功勋，发出了军队现代化强军梦的统帅号令。习近平主席强调："我们比历史上任何时期都更接近中华民族伟大复兴的目标，比历史上任何时期都更需要建设一支强大的人民军队。我们要深入贯彻党的强军思想，坚定不移走中国特色强军之路，努力实现党在新形势下的强军目标，把我们这支英雄的人民军队建设成为世界一流军队。"

建设同我国国际地位相称、同国家安全和发展利益相适应的巩固国防和强大军队，是我国社会主义现代化建设的战略任务。强军目标是在把握国防和军队建设历史方位和阶段性特点基础上提出来的。党在新形势下的强军目标，是加强部队全面建设、深化部队改革创新、推进军事斗争准备的强劲动力。

要把听党指挥作为军队建设的首要，把思想政治建设摆在首位，任何时候都不能动摇，确保官兵在思想上政治上行动上同党中央、中央军委和习近平主席保持高度一致，坚决听从党中央、中央军委和习近平主席指挥。确保部队绝对忠诚、绝对纯洁、绝对可靠。习近平主席在庆祝中国人民解放军建军 90 周年大会上强调：前进道路上，人民军队必须牢牢坚持党对军队的绝对领导，把这一条当作人民军队永远不能变的军魂、永远不能丢的命根子，任何时候任何情况下都以党的旗帜为旗帜、以党的方向为方向、以党的意志为意志。军队要像军队的样子，强军必须强政治、强军魂，确保国防和军队建设的政治方向。

能打胜仗反映军队的根本职能和军队建设的根本指向。党的十八大以来，习近平主席强调最多的就是能打仗、打胜仗。要牢牢把握能打仗、打胜仗这个聚焦点，坚持以军事斗争准备为龙头，坚持问题导向，把改革主攻方向放在军事斗争准备的重点难点问题上，放在战斗力建设的薄弱环节上。强军归根结底要强在战斗力上，全军官兵牢固树立战斗力这个唯一的根本的标准，扎扎实实推进练兵备战，努力锻造一支坚不可摧、锐不可当的精兵劲旅，确保部队召之即来、来之能战、战之必胜。

作风优良关系军队的性质、宗旨、本色。加强作风建设，是党的建设、军队建设的一个重要方面，关乎军队形象和战斗力生成。关于作风建设，习近平主席深刻指出：作风问题具有顽固性和长期性，抓作风建设贵在常、长两字，必须发扬"钉钉子"精神，持之以恒、锲而不舍，善始善终、善做善成。党的十八大以来，习近平主席高度重视作风建设，踏石留印、抓铁有痕，集中力量持续解决"四风"问题，中央军委出台了"十项规定"，全党、全军开展了党的群众路线教育实践活动，"三严三实"专题教育和"两学一做"学习教育，成效显著。

新时代的强军目标是习近平主席着眼实现"两个一百年"奋斗目标和中华民族伟大复兴的中国梦对强军事业作出的战略部署，为国防和军队建设发展指明了方向。全军官兵要准确把握强军目标，坚定强军信念，献身强军实践，把个人成长与实现强军梦紧密结合起来，努力把国防和军队建设提高到一个新水平。

新时代党的强军思想

表述

"国防和军队建设正站在新的历史起点上。面对国家安全环境的深刻变化，面对强国强军的时代要求，必须全面贯彻新时代党的强军思想，贯彻新形势下军事战略方针，建设强大的现代化陆军、海军、空军、火箭军和战略支援部队，打造坚强高效的战区联合作战指挥机构，构建中国特色现代作战体系，担当起党和人民赋予的新时代使命任务。"①

解读

习近平主席在庆祝中国人民解放军建军 90 周年大会上深刻指出："党的十八大以来，我们党围绕国防和军队建设提出一系列新思想新观点新论断新要求，形成了党在新时期的强军思想。"

党的十九大着眼于国家安全和发展战略全局，确立了习近平强军思想在国防和军队建设中的指导地位，明确党在新时代的强军目标是建设一支听党指挥、能打胜仗、作风优良的人民军队，实现了党的军事理论体系和指导思想的与时俱进，为新时代推进强军事业提供了行动指南。

新时代党的强军思想科学统筹了建军治军方略和发展理念，政

---

① 习近平：《决胜全面建成小康社会 夺取新时代中国特色社会主义伟大胜利——在中国共产党第十九次全国代表大会上的报告》，人民出版社 2017 年版，第 53 页。

治建军是立军之本，改革强军是必由之路，科技兴军是核心驱动，依法治军是重要保障。全面贯彻新时代党的强军思想，确立新时代党的强军思想在国防和军队建设中的指导地位，就是要坚持政治建军、改革强军、科技兴军、依法治军，更加注重聚焦实战、更加注重创新驱动、更加注重体系建设、更加注重集约高效、更加注重军民融合，努力建设一支听党指挥、能打胜仗、作风优良的人民军队，把人民军队建设成为世界一流军队。

政治建军是我党我军的独特优势和根本命脉，也是实现强军目标、建设世界一流军队的根本保证。贯彻政治建军方略，首要的是坚持党对军队绝对领导。要把维护核心、听党指挥作为最根本的政治要求，不断强化政治意识、大局意识、核心意识、看齐意识，坚定不移维护党中央权威、维护核心、维护和贯彻军委主席负责制。要始终把思想政治建设摆在军队各项建设的首位，发挥政治工作生命线作用，培育有灵魂、有本事、有血性、有品德的新时代革命军人，锻造铁一般信仰、铁一般信念、铁一般纪律、铁一般担当的过硬部队，永葆人民军队性质、宗旨、本色。

2012 年，习近平主席在中央军委扩大会议上强调："我军是党缔造的，80 多年来我军之所以能不断从胜利走向胜利，最根本的就是靠党的坚强领导。保证党对军队的绝对领导，关系我军性质和宗旨、关系社会主义前途命运、关系党和国家长治久安，是我军的立军之本和建军之魂。"

2014 年，习近平主席在全军政治工作会议上强调："坚持从思想上政治上建设部队，是我军建设的一条基本原则，是能打仗、打胜仗的政治保证。过去我们是这么做的，现在也必须这么做。"

改革是强军兴军的必由之路。2015 年，习近平主席在中央军委改革工作会议上指出："全面实施改革强军战略，坚定不移走中国特色强军之路。"

深化国防和军队改革是实现中国梦、强军梦的时代要求，是强军兴军的必由之路，也是决定军队未来的关键一招。习近平主席强调，当前，军委要把工作指导重心放在改革上，各级要把工作主线放在改革上，各项工作都要围绕改革来谋划、部署、推进。要坚持以强军目标为引领，贯彻新形势下军事战略方针，全面实施改革强军战略，着力解决制约国防和军队建设的体制性障碍、结构性矛盾、政策性问题，推进军队组织形态现代化，完善和发展中国特色社会主义军事制度，加快构建能够打赢信息化战争、有效履行使命任务的中国特色现代军事力量体系。

科技兴军，树立科技是核心战斗力的思想，坚持自主创新，瞄准世界军事科技前沿，加强前瞻谋划设计，加快战略性、前沿性、颠覆性技术发展，不断提高科技创新对人民军队建设和战斗力发展的贡献率。建设世界一流军队，必须转变发展理念、创新发展模式，依靠科技进步加快推进战斗力生成模式转变，全面、深入、持久贯彻落实科技兴军战略。

依法治军、从严治军是强军之基，是我们党建军治军的基本方略。军队越是现代化，越是信息化，越是要法治化。党的十八大以来，习近平主席站在实现中国梦强军梦的战略高度，深刻阐述了依法治军、从严治军的基础性、全局性、战略性地位。依法治军关键是依法治官、依法治权。深入推进依法治军、从严治军，是我军治军方式的一场深刻变革。依法治军，增强法治意识，加快构建中国特色军事法治体系，努力实现治军方式的"三个根本性转变"，提高国防和军队建设法治化水平。

人民军队之所以不断发展壮大，关键在于始终坚持先进军事理论的指导，始终确保部队建设正确方向。新时代党的强军思想作为党的军事理论的最新成果，围绕走中国特色强军之路，为国防和军队建设提供了战略路径和方向指引。

全面贯彻新时代党的强军思想，坚持政治建军、改革强军、科技兴军、依法治军，全面推进国防和军队现代化，把人民军队建设成为世界一流军队，为实现"两个一百年"奋斗目标、实现中华民族伟大复兴的中国梦提供坚强战略支撑。

新时代革命军人

表述

"加强军队党的建设，开展'传承红色基因、担当强军重任'主题教育，推进军人荣誉体系建设，培养有灵魂、有本事、有血性、有品德的新时代革命军人，永葆人民军队性质、宗旨、本色。"①

解读

2014 年，习近平主席在全军政治工作会议上强调，要把理想信念在全军牢固立起来，把坚定官兵理想信念作为固本培元、凝魂聚气的战略工程，把握新形势下铸魂育人的特点和规律，着力培养有灵魂、有本事、有血性、有品德的新一代革命军人。

2016 年，习近平主席在视察第 13 集团军时强调，贯彻政治建军

---

① 习近平：《决胜全面建成小康社会 夺取新时代中国特色社会主义伟大胜利——在中国共产党第十九次全国代表大会上的报告》，人民出版社 2017 年版，第 53 - 54 页。

要求，要持续贯彻全军政治工作会议精神，加强理想信念教育，深化理论武装，引导官兵立根固本，铸牢军魂，打牢"三个自信"的思想政治基础，真正从思想上政治上建设和掌握部队，努力培养有灵魂、有本事、有血性、有品德的新一代革命军人，锻造具有铁一般信仰、铁一般信念、铁一般纪律、铁一般担当的过硬部队。

习近平主席强调，当前，我们正在进行具有许多新的历史特点的伟大斗争，这对全面推进党的建设新的伟大工程提出了更高要求，必须把军队党的建设摆在更加突出的位置，始终坚持党对军队的绝对领导，始终坚持以能打仗、打胜仗为根本着眼点，始终坚持党要管党、从严治党方针，始终坚持以改革创新精神加强军队党的建设，不断提高军队党的建设科学化水平，为实现党在新形势下的强军目标提供坚强思想和组织保证。

红色基因饱含着坚定的理想信念、全心全意为人民服务的宗旨、顽强拼搏的意志、艰苦奋斗的作风。开展"传承红色基因、担当强军重任"主题教育，从红色基因中汲取力量，做强军兴军的先锋。

增强军事职业吸引力和军人使命感荣誉感，也是习近平主席在古田政治工作会议上提出的重要思想。

中央军委《关于深化国防和军队改革的意见》提出，要"适应军队职能任务需求和国家政策制度创新，进一步完善军事人力资源政策制度和后勤政策制度，构建体现军事职业特点、增强军人荣誉感自豪感的政策制度体系"。十二届全国人大常委会第十八次会议表决通过《中华人民共和国国家勋章和国家荣誉称号法》。两项举措从政策制度上增强军事职业吸引力和军人使命感荣誉感，构建完善中国特色军人荣誉体系，彰显中央军委关于增强军人荣誉感自豪感的决心和力度，有利于加强我军荣誉建设、激发战斗精神、实现党在新形势下的强军目标。

有灵魂，就是政治信念坚定，坚持党对军队的绝对领导。坚决听党指挥是我军强军之魂，全军官兵要用习近平新时代中国特色社会主义思想来武装头脑，不断强化政治意识、大局意识、核心意识、看齐意识，坚决维护权威、维护核心、维护和贯彻军委主席负责制，坚决听从党中央、中央军委和习近平主席指挥。

有本事，就是"能打仗、打胜仗"，本领过硬。军队首先是一个战斗队，是为打仗而存在的，是时刻要准备打仗的，一切工作都必须坚持战斗力标准，向能打仗、打胜仗聚焦。习近平主席强调，军事训练是提高实战能力的重要途径和抓手，要坚持仗怎么打兵就怎么练，打仗需要什么就苦练什么，部队最缺什么就专攻精练什么，突出使命课题训练，加大对抗性训练力度，走开基地训练的路子，在近似实战的环境下摔打锻炼部队。用打仗的标准推进军事斗争准备，不断强化官兵当兵打仗、带兵打仗、练兵打仗思想，让部队训练贴近实战，不断提高打胜仗的真本事。

有血性，就是勇猛顽强的战斗精神，狭路相逢勇者胜。习近平主席强调：和平时期，决不能把兵带娇气了。威武之师还得威武，革命军人还是要有血性，时刻准备为祖国和人民去战斗。血性就是战斗精神，核心是一不怕苦、二不怕死的精神。

中央军委颁发《关于加强战斗精神培育的意见》，全军各级积极探索构建培育战斗精神长效机制，将战斗精神、战斗作风深深融入官兵血脉。意见指出，战斗精神培育，是战斗力建设的重要内容，是锻造能打胜仗部队的基础工作和永恒课题。我军的战斗精神集中体现为"一不怕苦、二不怕死"，这是我军宝贵的精神财富和克敌制胜的重要法宝，无论什么时候决不能丢。新形势下加强战斗精神培育，就是要教育引导官兵继承发扬我军大无畏的英雄气概和英勇顽强的战斗作风，强化信息化条件下不畏强敌、敢打必胜的信心和勇气，树牢随时准备打仗的思想和枕戈待旦的战备意识，确保部队召之即来、来之能战、战之必胜。

有品德，就是培育当代革命军人核心价值观，弘扬我军光荣传统和优良作风，确保部队绝对忠诚、绝对纯洁、绝对可靠，永葆人民军队的性质和本色。有品德突出官兵应有的人生态度、精神境界、人格气节。习近平主席多次强调砥砺品格，十九大报告指出，深入实施公民道德建设工程，推进社会公德、职业道德、家庭美德、个人品德建设，激励人们向上向善、孝老爱亲，忠于祖国、忠于人民。

世界一流军队

表述

"适应世界新军事革命发展趋势和国家安全需求，提高建设质量和效益，确保到二〇二〇年基本实现机械化，信息化建设取得重大进展，战略能力有大的提升。同国家现代化进程相一致，全面推进军事理论现代化、军队组织形态现代化、军事人员现代化、武器装备现代化，力争到二〇三五年基本实现国防和军队现代化，到本世纪中叶把人民军队全面建成世界一流军队。"[1]

---

[1] 习近平：《决胜全面建成小康社会 夺取新时代中国特色社会主义伟大胜利——在中国共产党第十九次全国代表大会上的报告》，人民出版社2017年版，第53页。

解读

世界一流军队的提出。2012 年 11 月 15 日，习近平主席主持召开新一届军委班子第一次常务会议，他鲜明指出：要始终以改革创新精神开拓前进，努力夺取我军在军事竞争中的主动权。

2013 年 3 月，在十二届全国人大一次会议解放军代表团全体会议上，习近平主席郑重宣告："建设一支听党指挥、能打胜仗、作风优良的人民军队，是党在新形势下的强军目标。"

2013 年 11 月，党的十八届三中全会上，习近平总书记提议，党中央决定将国防和军队改革纳入全面深化改革的"大盘子"，上升为党的意志和国家行为。

2014 年春，习近平主席亲自担任中央军委深化国防和军队改革领导小组组长后，深化国防和军队改革的指挥部正式成立，改革工作进入实质性推进阶段。

2015 年 11 月 24 日，中央军委改革工作会议举行。习近平主席发出深化国防和军队改革动员号令：全面实施改革强军战略，坚定不移走中国特色强军之路。形成军委管总、战区主战、军种主建的格局；组建陆军领导机构、健全军兵种领导管理体制；调整军委总部体制、实行军委多部门制；重新调整划设战区、组建战区联合作战指挥机构，健全军委联合作战指挥机构；构建军委—战区—部队的作战指挥体系和军委—军种—部队的领导管理体系；构建严密的权力运行制约和监督体系。

2015 年 12 月 31 日，习近平主席向新成立的陆军领导机构、火箭军、战略支援部队授予军旗并致训词。

2016 年 1 月 11 日，习近平主席接见调整组建后的军委机关各部门负责同志。

2016 年 2 月 1 日，习近平主席向新成立的东部、南部、西部、北部、中部战区授予军旗并发布训令。

2016 年 3 月 23 日，习近平主席视察国防大学时发表重要讲话，号召全军"实现强军目标，建设世界一流军队"。

"十三五"规划纲要提出，到 2020 年，基本完成国防和军队改革目标任务，基本实现机械化，信息化取得重大进展，构建能够打赢信息化战争、有效履行使命任务的中国特色现代军事力量体系。

2017 年 8 月 1 日，习近平主席在庆祝建军 90 周年大会上的重要讲话中指出，"中华民族实现伟大复兴，中国人民实现更加美好生活，必须加快把人民军队建设成为世界一流军队。"

中国军事力量的全球排名。世界最著名最权威的军事排行榜之一的全球火力指数，简称 GFP，最新公布的 2017 年全球军事力量排行榜显示，世界军事力量仍是以美国最强，俄国次之，中国第三。军舰总数方面，中国的舰艇总数为 714 艘，而美国为 415 艘，俄罗斯为 352 艘，是三强当中数量最多的。中国在军舰的数量与质量上明显已超过俄罗斯，到 2018 年，中国第二艘航母服役后，可能就正式超越俄罗斯，变成世界海军第二强国。空军实力方面，美国仍然有着压倒性优势，美国空军、海军、陆战队三军的军用飞机总数为 13762 架，排在第二位的是俄罗斯 3794 架，排第三位的是中国 2955 架。在坦克的总数方面，俄罗斯依照惯例位居第一，俄军拥有 20216 辆坦克，中国为 6457 辆，美国则是 5884 辆。

另外，据斯德哥尔摩国际和平研究所（SIPRI）在 2017 年 4 月底发布的《2016 世界军费开支走向》显示，全球各国军费开支排名美国和中国分列第一、第二。

迈向世界一流军队的关键举措。一是军费投入进一步提高。

2017 年，中国的军费约为 1 万亿元人民币，同比增长约 7%。2016 年，我国国防费为 9543.54 亿元（约 1436.78 亿美元），相当于美国的 24.6%。人均国防费仅相当于美国的 1/18、英国的 1/9、法国的 1/7、俄罗斯的 1/5。英国《简式防务周刊》发布的世界各大国的军费开支排名显示，2016 年国防支出排名前十的依次是美国、中国、英国、印度、沙特、俄罗斯、法国、日本、德国、韩国。

二是现代军事力量体系更加成熟。2017 年年底基本完成军队员额减至 200 万人。这次调整改革后，陆军现役员额首次降到 100 万以下；海军、火箭军、战略支援部队现役员额有所增加，空军现役员额保持不变，这些军兵种总员额同陆军大体一半对一半。这将从根本上改变我军长期以来陆战型、国土防御型的力量结构，使中国特色现代军事力量体系更加成熟完备。

三是新型作战力量日益强大。2017 年 4 月第一艘国产航母正式下水，标志着我军新型作战力量"家族"又添新丁。通过这次军队改革，将大幅度增强我军的新型作战力量：全部淘汰一代装备，尽量淘汰二代装备，大幅压减坦克、装甲车、火炮、高炮、小型舰艇、单一制空作战飞机等装备规模，为发展新型作战力量"腾笼换鸟"。同时，成规模增加特种作战、立体攻防、两栖作战、远海防卫、战略投送等力量，调整组建各专业部队。这必将使我军新质战斗力如虎添翼，为打赢信息化战争提供战略铁拳。

世界一流军队的建设目标。适应世界新军事革命发展趋势和国家安全需求，提高建设质量和效益，确保到 2020 年基本实现机械化，信息化建设取得重大进展，战略能力有大的提升。同国家现代化进程相一致，全面推进军事理论现代化、军队组织形态现代化、军事人员现代化、武器装备现代化，力争到 2035 年基本实现国防和军队现代化，到本世纪中叶把人民军队全面建成世界一流军队。

国防和军队改革

表述

"继续深化国防和军队改革，深化军官职业化制度、文职人员制度等重大政策制度改革，推进军事管理革命，完善和发展中国特色社会主义军事制度。"①

解读

党的十八大以来，习近平主席总揽天下大势和战略全局，提出一系列重大战略思想。十八届三中全会审议通过了《中共中央关于全面深化改革若干重大问题的决定》，提出了全面深化改革的指导思想，确立了全面深化改革的总目标，强调要深化国防和军队改革。

2013年的一次重要会议上，习近平主席强调，"当前，世界主要国家都在加快推进军队改革，谋求军事优势地位的国际竞争加剧。在这场世界新军事革命的大潮中，谁思想保守、故步自封，谁就会错失宝贵机遇，陷于战略被动。我们必须到中流击水。军事上的落后一旦形成，对国家安全的影响将是致命的。我经常看中国近代的一些史料，一看到落后挨打的悲惨情景就痛彻肺腑！"

2014年3月，习近平主席出席解放军代表团全体会议时强调，

---

① 习近平：《决胜全面建成小康社会 夺取新时代中国特色社会主义伟大胜利——在中国共产党第十九次全国代表大会上的报告》，人民出版社2017年版，第54页。

"实现强军目标，必须抓住战略契机深化国防和军队改革，解决制约国防和军队建设的体制性障碍、结构性矛盾、政策性问题。"

2014年3月15日，习近平主席主持召开中央军委深化国防和军队改革领导小组第一次全体会议时强调，深化国防和军队改革，要把思想和行动统一到党中央和中央军委的决策部署上来，坚持用强军目标审视改革、以强军目标引领改革、围绕强军目标推进改革。

习近平主席着眼实现中国梦强军梦，鲜明提出努力建设一支听党指挥、能打胜仗、作风优良的人民军队，多次强调"以强军目标引领国防和军队改革"。

习近平主席观大势、观大局，站在新的历史起点上，以恢宏的视野、深邃的思考，清晰标定出人民军队建设发展的战略宏图。实现强军目标、建设世界一流军队，动力在改革，出路也在改革。

随着国际国内形势的发展，我军现行的指挥与建设体制，已难以适应信息化时代能打仗、打胜仗的要求，改革势在必行。

深化国防和军队改革是顺应世界新军事变革趋势的需要。

当今世界正发生前所未有的大变局，国际战略格局、全球治理体系、全球地缘政治棋局、综合国力竞争发生重大变化。如何适应国际战略格局和国家安全形势的深刻变化，建设一支同我国国际地位相称、同国家安全和发展利益相适应的巩固国防和强大的人民军队，始终是以习近平同志为核心的党中央高度关注的重大战略问题。

我国正处于由大向强发展的关键阶段，前所未有地走近世界舞台的中心，前所未有地接近实现中华民族伟大复兴的梦想。深化国防和军队改革，革除积弊，始终聚焦备战打仗，锻造召之即来、来之能战、战之必胜的精兵劲旅，才能全面应对发展前行中的阻力、压力、安全威胁和风险挑战。

深化国防和军队改革是加快建设世界一流军队的要求。

习近平主席指出，深化国防和军队改革是实现中国梦、强军梦的时代要求，是强军兴军的必由之路，也是决定军队未来的关键一招。坚定推动军队全面改革，才能实现强军目标、建设世界一流军队。政治建军、改革强军、科技兴军、依法治军，打破总部体制、大军区体制和大陆军体制，改革的力度、深度、广度前所未有，成效卓著、影响深远。深化国防和军队改革作为一项系统工程，涉及管理体系、法制监督、部队编成、科技创新、人力资源等诸多层面，番号改了、臂章换了、部队移防了、装备更新了，改革给部队带来了新变化。

深化国防和军队改革是中国特色社会主义军事制度的自我完善和发展。

改革创新是我党我军持续发展的强大动力。国防和军队改革是我国全面改革的重要组成部分，也是全面深化改革的重要标志。习近平主席强调要着眼实现强军目标，正确把握深化国防和军队改革的指导原则。要牢牢把握坚持改革正确方向这个根本。深化国防和军队改革是一场整体性、革命性变革，是中国特色社会主义军事制度的自我完善和发展，是为了更好地发挥中国特色社会主义军事制度的优势。改革是要更好坚持党对军队的绝对领导，更好坚持人民军队的性质和宗旨，更好坚持我军的光荣传统和优良作风。要牢牢把握能打仗、打胜仗这个聚焦点。全军要从全局和战略高度认识和把握深化国防和军队改革的重大意义和丰富内涵，把思想和行动统一到中央和军委的决策部署上来，形成深化国防和军队改革的强大合力。

党的十八大以来的五年，习近平主席对国防和军队建设高度重视、亲抓实抓、强力推动，人民军队在强军兴军征程上迈出历史性步伐，成就辉煌：新形势下强军思想、目标鲜明确立，恢复和发扬我党我军光荣传统和优良作风，政治建军深入推进，军队政治生态得到有效治理，练兵备战、改革攻坚、正风肃纪稳步前行，人民军队组织架构和力量体系实现革命性重塑，国防和军队现代化水平实现整体跃升，国防和军队改革取得历史性突破。

中国特色现代作战体系

表述

"国防和军队建设正站在新的历史起点上。必须全面贯彻新时代党的强军思想，贯彻新形势下军事战略方针，建设强大的现代化陆军、海军、空军、火箭军和战略支援部队，打造坚强高效的战区联合作战指挥机构，构建中国特色现代作战体系，担当起党和人民赋予的新时代使命任务。"①

解读

2012 年，习近平主席在广州战区考察时强调，构建中国特色现代军事力量体系是实现强军梦的战略布局，必须放在实现民族复兴这个大目标下来认识和推进，科学把握其基本内容和核心要素，理清发展思路，加速推进这一宏伟军事建设工程的实现。

---

① 习近平：《决胜全面建成小康社会 夺取新时代中国特色社会主义伟大胜利——在中国共产党第十九次全国代表大会上的报告》，人民出版社 2017 年版，第 53 页。

2015 年，习近平主席在中央军委改革工作会议上强调，对领导管理体制和联合作战指挥体制进行一体设计，通过调整军委总部体制、实行军委多部门制，组建陆军领导机构、健全军兵种领导管理体制，重新调整划设战区、组建战区联合作战指挥机构，健全军委联合作战指挥机构等重大举措，着力构建军委—战区—部队的作战指挥体系和军委—军种—部队的领导管理体系。

2016 年，习近平主席视察军委联合作战指挥中心时强调，要以党在新形势下的强军目标为引领，贯彻新形势下军事战略方针，聚焦研究打仗、指挥作战这个核心职能，进一步解放思想、转变观念、开拓创新、攻坚克难，努力建设绝对忠诚、善谋打仗、指挥高效、敢打必胜的联合作战指挥机构，构建平战一体、常态运行、专司主营、精干高效的战略战役指挥体系，为实现中国梦强军梦提供坚强支撑。

中国特色现代作战体系以习近平新时代中国特色社会主义思想为指导，是新时代党的强军思想的具体展现。习近平主席的讲话为加快构建中国特色现代作战体系下达了号令。当前，既要看到我国军事力量体系有规模适度、要素齐全、系统配套，保持中国军队的传统的一面；也要看到与未来信息化战争要求不相适应的一面，吸取世界军事强国的先进经验，积极调整优化作战力量编配，健全战区联合作战指挥机构，推进作战要素融合集成，形成中国特色现代作战体系，为打赢信息化战争奠定坚实基础。

习近平主席曾在全军政治工作会议等多个场合提到，要把战斗力标准在全军牢固树立起来，把战斗力标准作为军队建设唯一的根本标准，聚焦能打仗、打胜仗。坚持战斗力标准，聚焦能打仗、打胜仗，提高官兵素质，调整优化作战力量结构，建设强大的现代化陆军、海军、空军、火箭军和战略支援部队。2015 年，习近平主席向陆军、火箭军、战略支援部队致训词时强调，陆军要"加快实现区域防卫型向全域作战型转变"；火箭军要"增强可信可靠的核威慑和核反击能力，加强中远程精确打击力量建设，增强战略制衡能力"；战略支援部队要"高标准高起点推进新型作战力量加速发展、一体发展"。遵循打赢信息化战争的特点规律，按照立体攻防、陆海空天和远中近能力合理搭配及非线式、非接触、非对称作战的要求，做好军事斗争军备。发展新型作战力量和保障力量，提高基于网络信息体系的联合作战能力、全域作战能力，锤炼官兵素质，新时代革命军人要能做到全员机动、出海远洋、攻防兼备、空天一体。

习近平主席深刻指出，战区就是主战的，要以主要精力研究打仗、指挥作战。以战为魂、以战为本、以战为荣，以联合制胜为根本，主导联合决策、联合指挥、联合作战与保障，努力实现作战目标联、方案计划联、指挥手段联、部队行动联，最大限度释放诸军种整体作战能力。五大战区成立，习近平主席发布训令：各战区要聚精会神钻研打仗，关注国家安全形势，拓宽战略视野。积极主动谋取未来战争主动权。各战区要随时准备领兵打仗，牢固树立战斗队思想，发扬一不怕苦、二不怕死的战斗精神，培养英勇顽强的战斗作风。围绕战区使命任务，紧盯战争形态和作战式样演变和未来战场，健全完善战区联合作战指挥体系、力量体系和保障体系，建设绝对忠诚、善谋打仗、指挥高效、敢打必胜的联合作战指挥机构，构建中国特色现代作战体系。

习近平主席指出，要适应联合作战指挥体制改革，抓紧理顺有关重大关系，健全完善联合作战指挥运行机制。运行机制要反映信息化作战指挥规律，规范指挥权责、指挥流程、指挥活动，体现作战指挥方式的深刻变革。进一步健全战区党委领导打仗、战区联指指挥打仗、战区机关保障打仗的运行机制，统筹推进指挥编组、作战流程、指挥作业、综合保障等方面建设。

习近平主席指出，军委机关要把谋打赢作为最大职责，强化随时准备打仗的思想，集中精力研究军事、研究战争、研究打仗。在谋划打仗、保障打仗、服务打仗中找准定位、发挥作用，尽快形成顺畅高效的联合作战指挥体系。

人才是战斗力生成的重要资源，加强军事人才培养体系建设。习近平主席指出，要采取超常措施，多管齐下培养联合作战指挥人才，尽快有一个大的突破。培养懂打仗、会指挥的高素质联合人才队伍，必须搞好联合作战人才培养体系的设计，加强联合作战指挥员、参谋人员和保障人员队伍建设，形成有梯次、能持续的人才方阵。坚持军队院校教育、部队训练实践、军事职业教育"三位一体"的培养模式，贯通以联合作战指挥中心实践锻炼为关键节点的培养链，完善联合作战指挥人才的选拔、考评、交流和使用制度。

全面从严治军

表述

"全面从严治军，推动治军方式根本性转变，提高国防和军队建设法治化水平。"①

---

① 习近平：《决胜全面建成小康社会 夺取新时代中国特色社会主义伟大胜利——在中国共产党第十九次全国代表大会上的报告》，人民出版社 2017 年版，第 54 页。

解读

党的十八大以来，习近平主席对依法治军、从严治军作出了一系列重要论述，把依法治军、从严治军置于强军之基的战略位置。

2012 年 12 月，习近平主席指出，加大依法治军、从严治军力度，坚持以纪律建设为核心，着力增强法规制度执行力，坚决杜绝有法不依、执法不严、违法不究的现象。要不折不扣落实依法治军、从严治军方针，培养部队严守纪律、令行禁止、步调一致的良好作风。

2013 年 2 月，习近平主席视察兰州军区时指出，要着力加强作风纪律建设，抓好依法治军、从严治军方针落实。要坚持和发扬艰苦奋斗精神，使厉行节约、反对浪费在部队蔚然成风。要严肃各项纪律，确保政令军令畅通。

2015 年，中央军委印发《关于新形势下深入推进依法治军从严治军的决定》。

《决定》对深入贯彻党的十八届四中全会精神和习近平主席依法治军从严治军重要论述、加强军队法治建设作出全面部署，要求全军用强军目标引领军事法治建设，强化法治信仰和法治思维，按照法治要求转变治军方式，形成党委依法决策、机关依法指导、部队依法行动、官兵依法履职的良好局面，提高国防和军队建设法治化水平。

《决定》指出，党的十八大以来，习近平主席鲜明提出努力建设一支听党指挥、能打胜仗、作风优良的人民军队这一党在新形势下的强军目标，强调依法治军从严治军是强军之基，是我们党建军治军的基本方略。

《决定》强调，一个现代化国家必然是法治国家，一支现代化军队必然是法治军队。军队越是现代化，越是信息化，越是要法治化。深入推进依法治军从严治军，是全面依法治国总体部署的重要组成部分，是实现强军目标的必然要求，是深化国防和军队改革的重要保障，是确保部队有效履行使命任务和高度集中统一的坚强保证。

新形势下深入推进依法治军从严治军，必须以习近平新时代中国特色社会主义思想为指导，深入贯彻新时代党的强军思想，按照全面建成小康社会、全面深化改革、全面依法治国、全面从严治党的战略布局，紧紧围绕党在新形势下的强军目标，着眼全面加强革命化现代化正规化建设，坚持党对军队绝对领导，坚持战斗力标准，坚持官兵主体地位，坚持依法与从严相统一，坚持法治建设与思想政治建设相结合，创新发展依法治军从严治军理论和实践，构建完善中国特色军事法治体系，形成系统完备、严密高效的军事法规制度体系、军事法治实施体系、军事法治监督体系、军事法治保障体系，提高国防和军队建设法治化水平。

要适应现代军队建设和作战要求，健全完善军事法规制度体系，提高军事法规制度的针对性、系统性、操作性。要加大军事法规制度执行力度，坚持有法必依、执法必严、违法必究，使厉行法治、严肃军纪成为铁律。要健全完善军队法治工作体制，强化军队法治工作专门机构职能作用。要强化官兵法治信仰和法治思维，深入开展法治教育训练，领导干部要做尊法学法守法用法的模范，广大官兵要把法治内化为政治信念和道德修养、外化为行为准则和自觉行动。要充分发挥法治引领、推动和规范作用，坚持重大改革依法决策，坚持改革与立法衔接协调，确保改革在法治轨道上积极稳妥推进。要贯彻从严治党要求，运用法治手段纠风肃纪，以刚性的制度规定和严格的制度执行，实现作风建设规范化常态化长效化。

全军官兵要把思想和行动统一到党中央、中央军委和习近平主席的决策部署上来，紧紧围绕党在新形势下的强军目标，勇敢担当起新一代革命军人的历史使命，积极投身依法治军从严治军伟大实践，自觉崇尚法治、建设法治、厉行法治，努力提高国防和军队建设法治化水平，为实现中国梦强军梦而奋斗！

~~~~~~~~~~~~~~~~~~

粤港澳大湾区

表述

"香港、澳门发展同内地发展紧密相连。要支持香港、澳门融入国家发展大局，以粤港澳大湾区建设、粤港澳合作、泛珠三角区域合作等为重点，全面推进内地同香港、澳门互利合作，制定完善便利香港、澳门居民在内地发展的政策措施。"①

解读

当今世界，发展条件最好的、竞争力最强的城市群，都集中在沿海湾区，美国纽约湾区、美国旧金山湾区、日本东京湾区是世界公认的三大湾区。粤港澳大湾区指的是由广州、佛山、肇庆、深圳、

---

① 习近平：《决胜全面建成小康社会 夺取新时代中国特色社会主义伟大胜利——在中国共产党第十九次全国代表大会上的报告》，人民出版社 2017 年版，第 55－56 页。

东莞、惠州、珠海、中山、江门9市和香港、澳门两个特别行政区形成的城市群，是世界第四大湾区。港澳发挥相对优势，在区域发展的层面上融入国家发展，成为国家建设世界级城市群和参与全球竞争的重要空间载体。粤港澳大湾区建设在"一带一路"、京津冀协同发展和长三角经济带的背景下，弥补了中国南部城市群版图，完善了国家区域战略。

2017年，李克强总理在政府工作报告中提出要制定粤港澳大湾区城市群发展规划，在打造世界级城市群的意义上创新和深化内地与港澳的合作机制。2017年7月1日《深化粤港澳合作推进大湾区建设框架协议》的签署，必将充分发挥粤港澳地区的综合优势，深化粤港澳合作，推进粤港澳大湾区建设，高水平参与国际合作，提升在国家经济发展和全方位开放中的引领作用，为港澳发展注入新动能，保持港澳长期繁荣稳定。全面准确贯彻"一国两制"方针，完善创新合作机制，建立互利共赢合作关系，共同推进粤港澳大湾区建设。努力将粤港澳大湾区建设成为更具活力的经济区、宜居宜业宜游的优质生活圈和内地与港澳深度合作的示范区，携手打造国际一流湾区和世界级城市群。

粤港澳大湾区建设以开放引领、创新驱动，优势互补、合作共赢，市场主导、政府推动，先行先试、重点突破，生态优先、绿色发展为原则。着重在推进基础设施互联互通、进一步提升市场一体化水平、打造国际科技创新中心、构建协同发展现代产业体系、共建宜居宜业宜游的优质生活圈、培育国际合作新优势、支持重大合作平台建设领域合作发展。

中华民族共同体意识

表述

"深化民族团结进步教育，铸牢中华民族共同体意识，加强各民族交往交流交融，促进各民族像石榴籽一样紧紧抱在一起，共同团结奋斗、共同繁荣发展。"[1]

解读

党的十八大以来，习近平主席站在中华民族伟大复兴的时代高度，曾在多个场合提出，"我国 56 个民族都是中华民族大家庭的平等一员，共同构成了你中有我、我中有你、谁也离不开谁的中华民族命运共同体"。大陆和台湾是"休戚与共的命运共同体"，两岸共同的目标是实现中华民族伟大复兴。"多民族是我国的一大特色，也是我国发展的一大有利因素。各民族共同开发了祖国的锦绣河山、广袤疆域，共同创造了悠久的中国历史、灿烂的中华文化。我国历史演进的这个特点，造就了我国各民族在分布上的交错杂居、文化上的兼收并蓄、经济上的相互依存、情感上的相互亲近，形成了你中有我、我中有你、谁也离不开谁的多元一体格局"。

民族团结是我国各族人民的生命线。中华民族和各民族的关系，是一个大家庭和家庭成员的关系，各民族的关系，是一个大家庭里

---

[1] 习近平：《决胜全面建成小康社会 夺取新时代中国特色社会主义伟大胜利——在中国共产党第十九次全国代表大会上的报告》，人民出版社 2017 年版，第 40 页。

不同成员的关系。

中华民族共同体意识是国家统一的基础、民族团结的根本、民族精神的灵魂，其核心是"你中有我、我中有你"，其实质是对历史上中华各民族在政治、经济、文化等方面交往交流交融的认同，是对 56 个民族同呼吸、共患难，"你中有我、我中有你、谁也离不开谁"的命运共同体的认同。

中华民族共同体意识的形成不是一蹴而就的，它是在漫长的历史发展中形成的。我国多民族大统一格局是自秦汉以来就基本形成的历史传统和独特优势。历史经验证明，中华各民族只有把自己的命运同整个中华民族的命运紧紧连接在一起，才有前途，才有希望。实现中华民族伟大复兴的中国梦，需要进一步打牢各族人民团结奋斗的政治基础、思想基础和社会基础，铸牢中华民族共同体意识。

坚定国家认同，增强道路自信。

这是培育中华民族共同体意识的本质要求。坚持中华民族共同体意识的本质，就在于进一步强化国家认同。国家认同是中华民族共同体建构之本体。

新中国成立以来，我们党坚持走中国特色社会主义道路，各族人民团结奋斗、繁荣发展，不断走向富裕、走向文明。培育中华民族共同体意识，就要牢记国情、坚持道路、坚定信心，增强各族人民对我们伟大祖国、中华民族与文化、中国共产党、中国特色社会主义的国家认同。

坚定政治认同，增强文化自信。

"文化认同是民族团结之根、民族团结之魂"。文化自信是道路自信、理论自信、制度自信的基石。中华优秀传统文化是培育中华民族共同体意识的重要精神力量。加强中华民族大团结，长远和根本的是增强文化认同，建设各民族共有精神家园，积极培养中华民族共同体意识。中国共产党用自身的伟大实践，诠释了中华文化如何通过吸取世界先进文化和古代灿烂文化的精华，阔步走向社会主义先进文化，从而实现了中华民族共同体意识培育从自发走向自觉的历史性成就。

我们要始终把中华民族共同体意识贯穿于追求梦想、实现价值、开创未来的全过程，要让"中华民族一家亲、同心共筑中国梦"成为当今时代的主旋律，让社会主义核心价值观成为每个人共同的价值取向，实现个人梦想与祖国梦想相统一、个人价值观与社会价值观相统一，实现价值相通、人心相聚，与各族兄弟姐妹一道，紧密地团结在以习近平同志为核心的党中央周围，凝聚起实现中华民族伟大复兴中国梦的强大力量，共同创造中华民族的美好未来，共同创造中华民族大家庭的美好未来。

构建人类命运共同体

表述

"我们呼吁，各国人民同心协力，构建人类命运共同体，建设持久和平、普遍安全、共同繁荣、开放包容、清洁美丽的世界。"①

---

① 习近平：《决胜全面建成小康社会 夺取新时代中国特色社会主义伟大胜利——在中国共产党第十九次全国代表大会上的报告》，人民出版社2017年版，第58页。

![解读图标] **解读**

2017 年 1 月 18 日，习近平主席在日内瓦万国宫出席"共商共筑人类命运共同体"高级别会议，并发表题为《共同构建人类命运共同体》的主旨演讲，深刻、全面、系统地阐述了人类命运共同体的理念。

2017 年 2 月 10 日，联合国社会发展委员会第 55 届会议通过决议，首次写入"构建人类命运共同体"。随后，联合国安理会也将"构建人类命运共同体"写入决议。

党的十九大对新时代中国特色大国外交作出了顶层设计、指明了方向。大会明确提出"要推动构建新型国际关系，推动构建人类命运共同体"，并将"坚持推动构建人类命运共同体"作为新时代坚持和发展中国特色社会主义的基本方略的有机组成部分，为新时代中国特色大国外交指明了方向。

习近平主席指出，要坚持文明交流互鉴，建设开放包容的世界，共建人类命运共同体；要推动全球治理理念创新发展，积极发掘中华文化中积极的处世之道和治理理念同当今时代的共鸣点，继续丰富打造人类命运共同体等主张，弘扬共商共建共享的全球治理理念。

推动构建人类命运共同体，政治上，要相互尊重、平等协商，坚决摒弃冷战思维和强权政治，走对话而不对抗、结伴而不结盟的国与国交往新路。安全上，要坚持以对话解决争端、以协商化解分歧，统筹应对传统和非传统安全威胁，反对一切形式的恐怖主义。经济上，要同舟共济，促进贸易和投资自由化便利化，推动经济全球化发展。文化上，要尊重世界文明多样性。生态上，要坚持环境友好，合作应对气候变化，保护好人类赖以生存的地球家园。

构建人类命运共同体就是要以文化共存反对文化霸权、以文化交流打通文化隔阂、以文明互鉴超越文明冲突，增进各国之间的相互理解、相互尊重、相互信任，推动中国与世界的共同发展、共同繁荣，推动形成当代世界真正的共同价值。

构建人类命运共同体理念的实质在于"以人为本"与"合作共赢"。各国只有立足于本国的民族文化，保持本国的民族特色，才可能借助独特的民族文化使世界认识自己，从而走向世界。中华文明注重和谐、追求大同，理应对构建全人类共同价值、共建人类命运共同体作出更大贡献。

党的十九大报告指出："中国共产党始终把为人类作出新的更大的贡献作为自己的使命。"新中国成立后，积极倡导和平共处五项原则，反对霸权主义，一直是维护世界和平的重要力量；改革开放后，中国继续弘扬和平与发展时代主题；进入 21 世纪后，中国始终不渝走和平发展道路，同世界各国一道建设和谐世界。

构建人类命运共同体，就是要建设"持久和平、普遍安全、共同繁荣、开放包容、清洁美丽的世界"。杨洁篪指出，要从政治、安全、经济、文化、生态五个方面推动构建人类命运共同体。积极维护多边贸易体制主渠道地位，促进国际贸易和投资自由化便利化，反对一切形式的保护主义。

推动构建人类命运共同体，要坚持和平发展道路，推动建设相互尊重、公平正义、合作共赢的新型国际关系。要不断完善外交布局，打造全球伙伴关系网络。要坚持不懈推进"一带一路"建设，进一步深化全方位对外开放格局。要深度参与全球治理，积极引导国际秩序变革方向。

全球治理观

表述

"中国秉持共商共建共享的全球治理观，倡导国际关系民主化，坚持国家不分大小、强弱、贫富一律平等，支持联合国发挥积极作用，支持扩大发展中国家在国际事务中的代表性和发言权。中国将继续发挥负责任大国作用，积极参与全球治理体系改革和建设，不断贡献中国智慧和力量。"①

解读

十八大以来的五年时间里，国际形式复杂多变，地区发展不平衡，新旧矛盾并行，此起彼伏，粮食安全、网络安全等新热点、新矛盾不断涌现，传统意义上西方主导的治理格局已经不能适应现在的世界发展趋势。以中国为代表的发展中国家和新兴市场国家的地位不断提升、作用日渐增强，相应的话语权也不断增强。中国已经进入日益走近世界舞台中央、不断为人类作出更大贡献的新时代。习近平主席在多个场合不断地强调和完善了全球治理观的内涵，开出标本兼治、综合施策的"中国药方"，明确表示要积极参与全球治理体系改革与建设。全球治理观的提出是中国外交为世界作出的重大贡献，进一步强调了在未来的发展过程中世界体系的规则和运行方式，同时也进一步指明各个国家在世界体系当中应当具备的地位和发挥的作用。

---

① 习近平：《决胜全面建成小康社会 夺取新时代中国特色社会主义伟大胜利——在中国共产党第十九次全国代表大会上的报告》，人民出版社 2017 年版，第 60 页。

在参与和完善全球治理体系的过程当中，应当像习近平主席强调的那样，一个国家的事情本国人民做主，多个国家的事情以及国际的事情需要世界各个国家坐下来商量。创新和完善世界治理体系，充分发挥共建的作用，共享人类文化尤其是各个国家传统文化中的优秀文化带给全球治理的经验与智慧。

2013 年秋，国家主席习近平在出访中亚和东南亚国家期间，首次提出了"一带一路"的构想，倡议秉持丝绸之路精神，推进互利共赢和优势互补的合作，促进全球和平合作和共同发展。建设"一带一路"，推动构建新型国际关系，推动构建人类命运共同体。

2016 年 9 月 3 日，在二十国集团工商峰会开幕式上，习近平主席发表主旨演讲，指出全球经济治理特别要抓住以下重点：共同构建公正高效的全球金融治理格局，维护世界经济稳定大局；共同构建开放透明的全球贸易和投资治理格局，巩固多边贸易体制，释放全球经贸投资合作潜力；共同构建绿色低碳的全球能源治理格局，推动全球绿色发展合作；共同构建包容联动的全球发展治理格局，以落实联合国 2030 年可持续发展议程为目标，共同增进全人类福祉。

习近平主席指出，全球治理体制变革离不开理念的引领，全球治理规则体现更加公正合理的要求离不开对人类各种优秀文明成果的吸收。要推动全球治理理念创新发展，积极发掘中华文化中积极的处世之道和治理理念同当今时代的共鸣点，继续丰富打造人类命运共同体等主张，弘扬共商共建共享的全球治理理念。要加强能力建设和战略投入，加强对全球治理的理论研究，高度重视全球治理方面的人才培养。

在新时代，中国秉持共商共建共享的全球治理观，继续发挥负责任大国作用，积极参与全球治理体系改革和建设，不断贡献中国智慧和中国方案。中国提出的发展思路，凝练了中华民族几千年生存发展的智慧。随着时间的推移和实践的证明，中国的"全球治理观"将对世界的可持续发展，对世界避免危机和冲突、团结向前起到更加重要的作用。

亲 诚 惠 容

表述

"中国积极发展全球伙伴关系，扩大同各国的利益交汇点，推进大国协调和合作，构建总体稳定、均衡发展的大国关系框架，按照亲诚惠容理念和与邻为善、以邻为伴周边外交方针深化同周边国家关系，秉持正确义利观和真实亲诚理念加强同发展中国家团结合作。"①

解读

坚持与邻为善、以邻为伴，坚持睦邻、安邻、富邻，突出体现亲、诚、惠、容的理念是党的十八大以来习近平主席提出的我国周边外交的基本方针。

新中国成立后，党中央高度重视周边外交。无论从地理方位、自然环境还是相互关系看，周边对我国都具有极为重要的战略意义。客观上要求我们的周边外交战略和工作必须与时俱进、更加主动。党的十八大以来，党中央在保持外交大政方针延续性和稳定性的基础上，积极运筹外交全局，突出周边在我国发展大局和外交全局中

---

① 习近平：《决胜全面建成小康社会 夺取新时代中国特色社会主义伟大胜利——在中国共产党第十九次全国代表大会上的报告》，人民出版社2017年版，第59－60页。

的重要作用，开展了一系列重大外交活动。

发展同周边国家睦邻友好关系是我国周边外交的一贯方针。要坚持睦邻友好，守望相助；讲平等、重感情；常见面，多走动；多做得人心、暖人心的事，使周边国家对我们更友善、更亲近、更认同、更支持，增强亲和力、感召力、影响力。要诚心诚意对待周边国家，争取更多朋友和伙伴。要本着互惠互利的原则同周边国家开展合作，编织更加紧密的共同利益网络，把双方利益融合提升到更高水平，让周边国家得益于我国发展，使我国也从周边国家共同发展中获得裨益和助力。要倡导包容的思想，强调亚太之大容得下大家共同发展，以更加开放的胸襟和更加积极的态度促进地区合作。这些理念，首先我们自己要身体力行，使之成为地区国家遵循和秉持的共同理念和行为准则。

要着力深化互利共赢格局。统筹经济、贸易、科技、金融等方面资源，利用好比较优势，找准深化同周边国家互利合作的战略契合点，积极参与区域经济合作。

要着力推进区域安全合作。我国同周边国家毗邻而居，开展安全合作是共同需要。要坚持互信、互利、平等、协作的新安全观，倡导全面安全、共同安全、合作安全理念，推进同周边国家的安全合作，主动参与区域和次区域安全合作，深化有关合作机制，增进战略互信。

要着力加强对周边国家的宣传工作、公共外交、民间外交、人文交流，巩固和扩大我国同周边国家关系长远发展的社会和民意基础。关系亲不亲，关键在民心。要全方位推进人文交流，深入开展旅游、科教、地方合作等友好交往，广交朋友，广结善缘。要对外介绍好我国的内外方针政策，讲好中国故事，传播好中国声音，把中国梦同周边各国人民过上美好生活的愿望、同地区发展前景对接起来，让命运共同体意识在周边国家落地生根。

~~~~~~~~~~~~~~~~~~~~~~~~~~~~

新时代党的建设总要求

表述

"新时代党的建设总要求是：坚持和加强党的全面领导，坚持党要管党、全面从严治党，以加强党的长期执政能力建设、先进性和纯洁性建设为主线，以党的政治建设为统领，以坚定理想信念宗旨为根基，以调动全党积极性、主动性、创造性为着力点，全面推进党的政治建设、思想建设、组织建设、作风建设、纪律建设，把制度建设贯穿其中，深入推进反腐败斗争，不断提高党的建设质量，把党建设成为始终走在时代前列、人民衷心拥护、勇于自我革命、经得起各种风浪考验、朝气蓬勃的马克思主义执政党。"[1]

解读

进入新时代，解决新矛盾、完成新任务，关键在于坚持党要管党、全面从严治党，把党建设得更加坚强有力。为此，党的十九大提出了新时代党的建设的总要求。

新时代党的建设的前提是"两个坚持"，即"坚持和加强党的全

面领导，坚持党要管党、全面从严治党"。党政军民学、东西南北中，党是领导一切的。因此，必须坚持和加强党的领导。

新时代党的建设的主线是加强党的长期执政能力建设、先进性和纯洁性建设。这条主线的关键词是长期执政能力建设、先进性、纯洁性。与党的十八大报告不同的是，本次报告对党的建设主线部分增加了"长期执政能力"。提高执政水平和领导能力是加强党的建设的主要目的，也是贯穿于党的建设全过程的。

新时代党的建设的统领是党的政治建设，党的政治建设决定党的建设方向和效果。党的十九大在党建方面最大创新，是首次把党的政治建设纳入党的建设总体布局，强调以党的政治建设为统领。党的政治建设是党的根本性建设。政治建设是其他建设的根和魂，政治建设抓好了，对党的其他建设可起到纲举目张作用。

新时代党的建设的总要求，不仅是党的十九大召开后把党的建设向纵深推进的纲领，也是确保党长期执政的纲领。我们要牢牢记住这个总要求，贯彻落实这个总要求，把全面从严治党向纵深推进。

党的六大建设

表述

"全面推进党的政治建设、思想建设、组织建设、作风建设、纪律建设，把制度建设贯穿其中，深入推进反腐败斗争，不断提高党的建设质量。"①

① 习近平：《决胜全面建成小康社会 夺取新时代中国特色社会主义伟大胜利——在中国共产党第十九次全国代表大会上的报告》，人民出版社2017年版，第62页。

解读

引领承载着中国人民伟大梦想的航船破浪前进，领航者自身的建设非常关键。正是看到了这一点，五年来，以习近平同志为核心的党中央，以"得罪千百人，不负十三亿"的使命担当，以"打铁必须自身硬"的庄严承诺，将全面从严治党纳入"四个全面"战略布局，把党风廉政建设和反腐败斗争提升到一个全新的高度，以顽强的意志品质正风肃纪、反腐惩恶，推动党的建设发生了历史性变革。

党的建设作为习近平新时代中国特色社会主义思想的重要组成部分，系统回答和解决了坚持和发展新时代中国特色社会主义究竟需要一个什么样的党、怎样才能建成这样一个党。这一关键性的课题，实现了执政党建设理论和实践的重大创新。

新时代党的建设总体布局突出强调了政治建设在新时代党的建设中的首要地位。第一次把纪律建设写进了党的建设新的五大建设，第一次把制度建设深刻融入贯穿到了党的新五大建设中，而不再与原来四个建设并列，而且把反腐倡廉建设从并列的原五大建设中抽出来，专门以反腐败斗争加以表述。这些创新和变化充分体现了党的十八大以来全面从严治党的新理念新战略和新实践新要求，在五大建设内在的逻辑连接上更加顺畅，理论上也更加自洽圆满，使以后党的建设实践有了更加明确的重点指向。

新时代党的建设和党的领导的理论创新和实践要求，对于从理论和实践结合以及制度安排上保证党做到打铁必须自身硬，使党成为新时代中国特色社会主义事业坚强有力的领导核心，都有极其深远的意义。

把党的政治建设摆在首位

表述

"把党的政治建设摆在首位。旗帜鲜明讲政治是我们党作为马克思主义政党的根本要求。党的政治建设是党的根本性建设，决定党的建设方向和效果。保证全党服从中央，坚持党中央权威和集中统一领导，是党的政治建设的首要任务。"①

解读

面对新形势新任务，新时代管党治党向何处去，全面从严治党的力度、尺度与节奏变与不变，党的建设路径与载体如何创新拓展等，习近平同志在党的十九大报告中围绕新时代党的建设总要求给出了答案和指明了方向。其中，最为突出的是强调把党的政治建设摆在首位，指出要切实增强党内政治生活的政治性、时代性、原则性、战斗性，自觉抵制商品交换原则对党内生活的侵蚀，营造风清气正的良好政治生态。

旗帜鲜明讲政治，是我们党作为马克思主义政党的根本要求。党的十八大以来，全面从严治党之所以取得卓著成效，党风廉政建设和反腐败斗争之所以取得重大成就，一个重要原因就是我们始终高度重视党的政治建设，着力增强政治意识、大局意识、核心意识、

---

① 习近平：《决胜全面建成小康社会 夺取新时代中国特色社会主义伟大胜利——在中国共产党第十九次全国代表大会上的报告》，人民出版社 2017 年版，第 62 页。

看齐意识，坚决维护党中央权威和集中统一领导，严明党的政治纪律和政治规矩，层层落实管党治党政治责任。在此基础上，十九大报告把党的政治建设提升到了前所未有的高度，并明确指出：党的政治建设是党的根本性建设，决定党的建设方向和效果，要把党的政治建设摆在首位。

加强党的政治建设，首要任务是保证全党服从中央，坚持党中央权威和集中统一领导。全党要坚定执行党的政治路线，严格遵守政治纪律和政治规矩，在政治立场、政治方向、政治原则、政治道路上同党中央保持高度一致。

党的六大纪律

表述

"重点强化政治纪律和组织纪律，带动廉洁纪律、群众纪律、工作纪律、生活纪律严起来。"①

解读

党的纪律是指党的组织和全体党员共同遵守的党内行为规范。每个党员必须自觉地用党的纪律约束自己，并接受党组织和人民群众的监督。要实行在党的纪律面前人人平等的原则，所有党员，不论职务高低都必须遵守党的纪律，党内不允许有凌驾于党的纪律之

① 习近平：《决胜全面建成小康社会 夺取新时代中国特色社会主义伟大胜利——在中国共产党第十九次全国代表大会上的报告》，人民出版社 2017 年版，第 66 页。

上的特殊党员。

在新修订的《中国共产党巡视工作条例》中，明确规定对巡视对象执行党章党纪党规、落实党风廉政建设"两个责任"进行监督，紧扣党的政治、组织、廉洁、群众、工作和生活"六大纪律"，进一步延伸了巡视监督"四个着力"内涵。通过把纪律建设摆在更加突出的重要位置，增强党的意识和规矩，强化主体责任和监督责任，为依纪依规治党、全面从严治党提供了有力制度保证，体现了巡视工作的不断创新和成熟。

十九大报告再次强调严明党的六大纪律，把对纪律执行情况的监督检查挺在前面，有利于用纪律和规矩的尺子衡量党员干部的行为，有利于立规在先、抓早抓小，以实际行动维护党规党纪的严肃性和权威性。严重腐败和违法问题往往都是从破坏纪律和规矩开始的，党的性质、宗旨也决定了纪严于法、纪在法前。必须把执纪、执法贯通起来，使党的纪律和规矩立起来、严起来，成为带电的高压线，所有党员干部都必须严格遵照执行，才能把全面从严治党真正落到实处。中国共产党曾经依靠严明的纪律实现了各个历史阶段的奋斗目标，也必将依靠严明的纪律迈进实现中华民族伟大复兴的新时代。

中央八项规定

表述

"坚持以上率下，巩固拓展落实中央八项规定精神成果，继续整治'四风'问题，坚决反对特权思想和特权现象。"①

解读

2012 年 12 月 4 日，中共中央政治局召开会议，审议通过了中央政治局关于改进工作作风、密切联系群众的八项规定。"八项规定"，一个改变中国的政治词汇，短短数百字的内涵，开启了中国共产党激浊扬清的作风之变。

具体内容为：一是要改进调查研究，到基层调研要深入了解真实情况，总结经验、研究问题、解决困难、指导工作，向群众学习、向实践学习，多同群众座谈，多同干部谈心，多商量讨论，多解剖典型，多到困难和矛盾集中、群众意见多的地方去，切忌走过场、搞形式主义；要轻车简从、减少陪同、简化接待，不张贴悬挂标语横幅，不安排群众迎送，不铺设迎宾地毯，不摆放花草，不安排宴请。二是要精简会议活动，切实改进会风，严格控制以中央名义召开的各类全国性会议和举行的重大活动，不开泛泛部署工作和提要求的会，未经中央批准一律不出席各类剪彩、奠基活动和庆祝会、纪念会、表彰会、博览会、研讨会及各类论坛；提高会议实效，开短会、讲短话，力戒空话、套话。三是要精简文件简报，切实改进文风，没有实质内容、可发可不发的文件、简报一律不发。四是要规范出访活动，从外交工作大局需要出发合理安排出访活动，严格控制出访随行人员，严格按照规定乘坐交通工具，一般不安排中资机构、华侨华人、留学生代表等到机场迎送。五是要改进警卫工作，坚持有利于联系群众的原则，减少交

---

① 习近平：《决胜全面建成小康社会 夺取新时代中国特色社会主义伟大胜利——在中国共产党第十九次全国代表大会上的报告》，人民出版社 2017 年版，第 66 页。

通管制，一般情况下不得封路、不清场闭馆。六是要改进新闻报道，中央政治局同志出席会议和活动应根据工作需要、新闻价值、社会效果决定是否报道，进一步压缩报道的数量、字数、时长。七要严格文稿发表，除中央统一安排外，个人不公开出版著作、讲话单行本，不发贺信、贺电，不题词、题字。八是要厉行勤俭节约，严格遵守廉洁从政有关规定，严格执行住房、车辆配备等有关工作和生活待遇的规定。

五年来，以习近平同志为核心的党中央以身作则、以上率下，有关规定从十八届中央政治局率先做起，并分批实施推进。习近平总书记指出："既然作规定，就要朝严一点的标准去努力，就要来真格的。"中央政治局召开专题民主生活会审议《中央政治局贯彻执行中央八项规定、落实加强作风建设措施情况的报告》，中央政治局同志逐个发言，对照检查。各地各部门向党中央看齐，狠杀公款吃喝、整治文山会海、抵制公款礼节等，成绩斐然。截至 2016 年 10 月，全国已累计查处违反中央八项规定精神问题 146431 起，处理 196947 人，给予党纪政纪处分 98836 人。

中央八项规定是我们党坚定推进全面从严治党的重大举措，但是作风问题具有顽固性和反复性，中央八项规定既不是最高标准，更不是最终目的，只是我们党改进作风的第一步。因此，从中央做起，各地认真贯彻落实中央八项规定精神，既抓思想引导又抓行为规范，执纪问责，严肃查处和曝光典型案件，并把作风建设不断引向深入，全面从严治党永远在路上。

反"四风"

表述

"全党必须坚决反对形式主义、官僚主义、享乐主义和奢靡之风，领导干部特别是高级干部要以身作则。"①

解读

作风问题关乎党的形象，关乎人心向背。优良的作风对国家发展、民族复兴具有重要作用和重大意义。四风问题是违背中国共产党的性质和宗旨的，是群众深恶痛绝、反映最强烈的问题，也是损害党群干群关系的重要根源。

2013 年 6 月 18 日，习近平总书记在党的群众路线教育实践活动工作会议上指出，这次教育实践活动的主要任务聚焦到作风建设上，集中解决形式主义、官僚主义、享乐主义和奢靡之风这"四风"问题。要对作风之弊、行为之垢来一次大排查、大检修、大扫除。之后，中央党的群众路线教育实践活动领导小组印发《关于开展"四风"突出问题专项整治和加强制度建设的通知》，要求各地区各部门各单位认真贯彻执行《党政机关厉行节约反对浪费条例》，把专项整治作为教育实践活动整改落实的重中之重，把制度建设作为解决问题的治本之策，以严肃的态度、严格的标准、严明的纪律狠抓落实，

① 《关于新形势下党内政治生活的若干准则》，中国共产党第十八届中央委员会第六次全体会议通过，2016 年 11 月 2 日全文发布实行。

务求取得实效。

习近平总书记告诫全党：反"四风"没有休止符，抓作风要成为我们永恒的课题。解决"四风"问题，不仅需要广泛而深入地开展教育实践活动，更需要对准焦距、找准穴位、抓住要害；反对形式主义要着重解决工作不实的问题；反对官僚主义要着重解决在人民群众利益上不维护、不作为的问题；反对享乐主义要着重克服及时行乐思想和特权现象；反对奢靡之风要着重狠刹挥霍享乐和骄奢淫逸的不良风气。

反对"四风"，领导干部特别是高级干部要以身作则。反"四风"是一项长久而艰巨的任务，要实现干部作风好转的长效化，必须要在正自身、强思想、建制度、立规矩上下功夫。要带头发扬劳模精神，出实策、鼓实劲、办实事，不图虚名、不务虚功，以身作则带领群众把各项工作落到实处。

八种执政本领

表述

"要增强学习本领、增强政治领导本领、增强改革创新本领、增强科学发展本领、增强依法执政本领、增强群众工作本领、增强狠抓落实本领、增强驾驭风险本领。"①

---

① 习近平：《决胜全面建成小康社会 夺取新时代中国特色社会主义伟大胜利——在中国共产党第十九次全国代表大会上的报告》，人民出版社 2017 年版，第 68－69 页。

解读

早在延安时期，我们党就注意到"本领恐慌"问题。2013 年 3 月，在中央党校建校 80 周年庆祝大会讲话中，习近平总书记重提"本领恐慌"，此后他多次强调要克服本领不足、本领恐慌、本领落后问题。

十九大报告明确指出，要全面增强执政本领，从增强学习本领、政治领导本领、改革创新本领、科学发展本领、依法执政本领、群众工作本领、狠抓落实本领、驾驭风险本领八个方面，对新时代党的执政能力和增强领导水平提出了新的更高要求。

其中，"增强学习本领"指的是在全党营造善于学习、勇于实践的浓厚氛围，建设马克思主义学习型政党，推动建设学习大国；"增强政治领导本领"，指的是坚持战略思维、创新思维、辩证思维、法治思维、底线思维，科学制定和坚决执行党的路线方针政策，把党总揽全局、协调各方落到实处；"增强改革创新本领"，指的是保持锐意进取的精神风貌，善于结合实际创造性推动工作，善于运用互联网技术和信息化手段开展工作；"增强科学发展本领"，指的是善于贯彻新发展理念，不断开创发展新局面；"增强依法执政本领"，指的是加快形成覆盖党的领导和党的建设各方面的党内法规制度体系，加强和改善对国家政权机关的领导；"增强群众工作本领"，指的是创新群众工作体制机制和方式方法，推动工会、共青团、妇联等群团组织增强政治性、先进性、群众性，发挥联系群众的桥梁纽带作用，组织动员广大人民群众坚定不移跟党走；"增强狠抓落实本领"，指的是坚持说实话、谋实事、出实招、求实效，把雷厉风行和久久为功有机结合起来，勇于攻坚克难，以钉钉子精神做实做细做好各项工作；"增强驾驭风险本领"，指的是健全各方面风险防控机制，善于处理各种复杂矛盾，勇于战胜前进道路上的各种艰难险阻，牢牢把握工作主动权。

增强"八项本领"是党中央在新的历史时代对全党同志提出的新要求。全党同志特别是各级领导干部，都要有本领不够的危机感，要做"海绵式干部"，一刻不停地吸收一切有益的知识、技能与本领，吐故纳新，为"两个一百年"奋斗目标的实现提供坚实的素质能力基础，为实现中华民族伟大复兴的中国梦提供丰厚的人力资本保障。

四 个 意 识

表述

"坚持正确选人用人导向，匡正选人用人风气，突出政治标准，提拔重用牢固树立'四个意识'和'四个自信'、坚决维护党中央权威、全面贯彻执行党的理论和路线方针政策、忠诚干净担当的干部，选优配强各级领导班子。"①

解读

2016 年 1 月 29 日，习近平总书记主持召开中央政治局会议，对加强党的领导提出明确要求，强调只有增强政治意识、大局意识、核心意识、看齐意识，自觉在思想上政治上行动上与党中央保持高度一致，才能使我们党更加团结统一、坚强有力，始终成为中国特色社会主义事业的坚强领导核心。2016 年 7 月 1 日，习近平总书记

---

① 习近平：《决胜全面建成小康社会 夺取新时代中国特色社会主义伟大胜利——在中国共产党第十九次全国代表大会上的报告》，人民出版社 2017 年版，第 64 页。

在庆祝中国共产党成立 95 周年大会上的讲话强调，全党同志要增强政治意识、大局意识、核心意识、看齐意识，切实做到对党忠诚、为党分忧、为党担责、为党尽责。党的十八届六中全会通过的《关于新形势下党内政治生活的若干准则》指出，全党必须牢固树立政治意识、大局意识、核心意识、看齐意识，自觉在思想上政治上行动上同党中央保持高度一致。

"四个意识"是一个意蕴深刻、相互联系的有机整体，是检验党员、干部政治素养的基本标准。每个意识都有各自的规定性和明确要求，又彼此联系、互为支撑，相互渗透、相互依赖，集中体现为根本的政治方向、政治立场、政治原则、政治要求。增强"四个意识"、自觉维护习近平总书记的核心地位，对于维护党中央权威、维护党的团结和集中统一领导，对全党全军全国人民更好凝聚力量抓住机遇、战胜挑战，对全党团结一心、不忘初心、继续前进，对建设社会主义现代化强国，具有十分重大的意义。

大局是指宏观的、战略的整体局面和全局形势。大局意识，就是善于从全局高度、用长远眼光观察形势，分析问题，善于围绕党和国家的大事认识和把握大局，自觉地在顾全大局的前提下做好本职工作。中共十八届六中全会明确提出全党要进一步强化"四个意识"，即政治意识、大局意识、核心意识和看齐意识。其中，大局意识强调的是从整体、全局出发对事态进行综合考量和谋划，要求做到认清大局、看透大局、服务大局、贡献大局。党的十八大以来，习近平总书记多次论及和强调大局意识。比如，"国家好，民族好，大家才会好"；"胸怀大局、把握大势、着眼大事"；"必须牢固树立高度自觉的大局意识，自觉从大局看问题，把工作放到大局中去思考、定位、摆布"；"要学会运用辩证法，善于'弹钢琴'，处理好局部和全局、当前和长远、重点和非重点的关系"。这些重要论述，立足党和国家事业发展全局，着眼新形势新任务，从认识论、方法论角度深刻回答了什么是大局意识，怎么认识、服从和维护大局等重大理论问题与实践问题，为全党进一步增强大局意识，做好各项工作指明了正确方向，提供了方法指南。

核心就是中心，是事物赖以生存和发展最重要、最关键的"圆心"。领导核心就是一个组织和集体的中心或者"圆心"，组织和集体的活动是一个个不同半径的"同心圆"。1954 年 9 月，毛泽东在第一届全国人民代表大会上郑重指出："领导我们事业的核心力量是中国共产党。"这是含有"核心"一词的正式用语，鲜明定位了中国共产党在领导中国社会主义事业发展中的关键性角色。党的九大通过的《中国共产党章程》中就用了"领导核心"的提法，明确强调"以毛泽东同志为领袖的中国共产党，是伟大的、光荣的、正确的党，是中国人民的领导核心"。邓小平也强调，国家的命运、党的命运、人民的命运需要有一个领导集体；任何领导集体都要有一个核心，没有核心的领导是靠不住的；要始终注意树立并维护党的领导集体，以及这个集体中的核心。党的十八届六中全会确立习近平总书记为党中央的核心、全党的核心。这是党和国家政治生活中的一件大事，是推进全面从严治党的一件大事。

看齐是指整队时，以指定人为标准排齐。看齐意识与其他意识一样同属于党员观念和党的意识范畴。1945 年，毛泽东同志在党的七大预备会议上说："要知道，一个队伍经常是不大整齐的，所以就要常常喊看齐，向左看齐，向右看齐，向中间看齐，我们要向中央基准看齐，向大会基准看齐。看齐是原则，有偏差是实际生活，有了偏差，就喊看齐。"习近平总书记根据党的历史经验，从实际出发，提出了看齐意识。各级党组织、全体党员、党的干部尤其是党的高级干部，都要自觉遵循看齐意识。习近平总书记在中央政治局会议上强调，中央政治局的同志必须有很强的看齐意识，经常、主动向党中央看齐，向党的理论和路线方针政策看齐。中央政治局给全党作出了表率、划定了标杆，全党就要向党中央看齐，以中央政治局为标杆，层层看齐、层层表率。坚持向中央看齐，可以更好地贯彻民主集中制，可以更好地严肃党内政治生活，净化党内政治生态，可以更好地保证党和国家的政令畅通。

政治意识，主要是指政治思想、政治观点，以及对于政治现象的态度和评价。理想和信念是政治意识的核心。重视讲政治，增强政治意识，是我们党的优良传统和特有优势。我们党之所以能够从小到大、由弱变强，成为世界第一大党，与一以贯之地坚持讲政治是分不开的。习近平总书记指出，全党同志要强化党的意识，牢记自己的第一身份是共产党员，第一职责是为党工作，做到忠诚于组织，任何时候都与党同心同德。强化党的意识，要求党员、干部自觉增强角色意识和政治担当，按党提出的标准严格要求自己、磨炼自己、提高自己，无论何时何地何种情况下，都始终把党摆在心头正中，始终做到爱党、信党、护党、跟党走。对于党员干部来说，政治思想、政治观点、政治立场无处不在，始终保持清醒头脑，才能具有敏锐的观察力、鉴别力、判断力和政治定力，才能坚定正确的政治方向。只有自觉增强政治意识，才能从政治上观察、分析、解决问题，对党绝对忠诚，自觉在思想上政治上行动上同以习近平同志为核心的党中央保持高度一致，自觉为党的事业和人民幸福奉献服务。

党员干部要增强"四个意识"，一是要始终做到政治方向不偏、政治信仰不变、政治立场不移，确保红色江山永不变色；二是要始终做到正确认识大局、自觉服从大局、坚决维护大局，确保中央决策部署落地生根；三是要始终做到坚决拥护核心、坚决听从核心、坚决维护核心，确保党的领导更加坚强有力；四是要始终做到经常看齐、主动看齐、全面看齐，确保党和国家的事业沿着正确方向阔步前进。

好干部标准

表述

"要坚持党管干部原则，坚持德才兼备、以德为先，坚持五湖四海、任人唯贤，坚持事业为上、公道正派，把好干部标准落到实处。"①

解读

2013 年 6 月 28 日，习近平总书记在全国组织工作会议上提出了"信念坚定、为民服务、勤政务实、敢于担当、清正廉洁"的二十字好干部标准。干部标准是评价和选拔干部的依据，是干部工作的首要问题。我们党一贯坚持的干部标准是"德才兼备、以德为先"。习近平总书记提出的二十字好干部标准，是对"德才兼备、以德为先"干部标准的深化，凸显了干部标准的时代内涵，为加强干部队伍建设指明了方向。贯彻新时期好干部标准，选人用人状况和风气明显好转。

在好干部标准中，习近平总书记突出强调信念坚定和敢于担当。

---

① 习近平：《决胜全面建成小康社会 夺取新时代中国特色社会主义伟大胜利——在中国共产党第十九次全国代表大会上的报告》，人民出版社 2017 年版，第 64 页。

"信念坚定"是好干部立身之本，领导干部在任何条件下，都要把改造主观世界、加强党性修养、加强品格陶冶作为必修课。"敢于担当"是好干部的可贵品质，领导干部要敢于探索、敢于实践、敢于负责。"为民服务"是好干部的使命，"公"字当头，以"民"为先，懂得"官"是为人民服务的岗位，"权"是为人民服务的工具。"勤政务实"是好干部的作风，夙夜在公，勤勉工作，力戒空谈，做到决策条条算数，工作件件落实。"清正廉洁"是好干部的基本要求，时刻用党章和共产党员标准要求自己，敬畏权力、慎用权力，老老实实做人，踏踏实实干事，清清白白为官。

按照好干部标准，建设作风优良的高素质干部队伍。树立鲜明的用人导向，突出政治标准，强化信念坚定对党忠诚导向。突出作风要求，强化勤政为民务实重干导向。突出能力素质，强化敢于担当注重实绩导向。突出廉洁自律，强化严以用权洁身自好导向；尊重干部本身的资源禀赋、专业特长等客观实际，强化党的领导，发挥好把关作用。以好干部标准为依据，建立科学的评价体系。

打铁必须自身硬

🔨 **表述**

"打铁必须自身硬。党要团结带领人民进行伟大斗争、推进伟大事业、实现伟大梦想，必须毫不动摇坚持和完善党的领导，毫不动摇把党建设得更加坚强有力。"①

———————

① 习近平：《决胜全面建成小康社会 夺取新时代中国特色社会主义伟大胜利——在中国共产党第十九次全国代表大会上的报告》，人民出版社2017年版，第61页。

解读

2012 年 11 月 15 日，习近平总书记在与中外记者见面时谈道："打铁还需自身硬。我们的责任，就是同全党同志一道，坚持党要管党、从严治党，切实解决自身存在的突出问题，切实改进工作作风，密切联系群众，使我们党始终成为中国特色社会主义事业的坚强领导核心。"

在党的十九大报告中，"打铁还需自身硬"的提法被"打铁必须自身硬"所代替。一字之差，反映了新时代党的建设的更高要求。在十九大报告中，在构成新时代坚持和发展中国特色社会主义基本方略的"十四条坚持"中，第一条是"坚持党对一切工作的领导"，第十四条是"坚持全面从严治党"。党的建设贯穿基本方略的始终，足见其重要性。在新时代的中国，只有始终坚持党的领导，才能实现民族复兴的伟大梦想；只有不断加强党的建设，才能完成新时代的宏伟蓝图。

"打铁必须自身硬"，一方面要求各级党员干部必须要有真本事。要有过硬的政治素质、过硬的理论水平、过硬的业务技能、过硬的作风纪律、过硬的道德修养、过硬的廉洁自律。另一方面，也要求各级党组织要成为领导干部群众干事创业的"排头兵""先锋队"，使自身成为一个牢不可破的坚强战斗堡垒，能够抵御一切落后的、腐朽的、敌对的势力侵蚀，以昂扬向上的领导力始终奋斗在时代的前列。

防止和反对宗派主义、圈子文化、码头文化

表述

"坚决防止和反对宗派主义、圈子文化、码头文化，坚决反对搞两面派、做两面人。"①

解读

习近平总书记在不同场合多次强调："党内决不能搞封建依附那一套，决不能搞小山头、小圈子、小团伙那一套，决不能搞门客、门宦、门附那一套，搞这种东西总有一天会出事！"

党的十八大以来查处的周永康、薄熙来、郭伯雄、徐才厚、令计划等人，不仅经济上贪婪、生活上腐化，而且政治野心膨胀，大搞阳奉阴违、结党营私、拉帮结派等政治阴谋活动。这种极端严重的宗派主义、山头主义，已成为损害党内政治生态的毒瘤，成为破坏党的团结统一的杀手。宗派主义、山头主义在今天最突出的就是搞团团伙伙、结党营私、拉帮结派、搞"山头主义""圈子文化"，这反映出部分党员干部甚至是高级领导干部的宗旨意识淡薄、权力观念扭曲、法纪观念缺乏。政治生态不健康，会瓦解党的组织、败坏社会风气、带坏干部作风，使劣币驱逐良币，成为滋生腐败的温床。

---

① 习近平：《决胜全面建成小康社会 夺取新时代中国特色社会主义伟大胜利——在中国共产党第十九次全国代表大会上的报告》，人民出版社 2017 年版，第 63 页。

"问题出在前三排，根源还在主席台"。净化政治生态的主体是各级党委。"一把手"是影响一个地方、一个部门政治生态的源头，要不忘初心、不忘使命，切实扛起政治责任和使命担当，坚持党性原则，不建"圈子"、不进"圈子"，横刀立马、敢抓敢管，破旧俗、立新规，铲山头、拆码头，坚决把净化政治生态各项工作落到实处。

执纪监督"四种形态"

表述

"坚持开展批评和自我批评，坚持惩前毖后、治病救人，运用监督执纪'四种形态'，抓早抓小、防微杜渐。"①

解读

2015 年 9 月 24 日至 26 日，时任中共中央政治局常委、中央纪委书记王岐山在福建调研并主持召开座谈会。王岐山强调，要在思想认识、责任担当、方法措施上跟上中央要求，把纪律和规矩挺在前面，把握运用监督执纪"四种形态"，以严明的纪律推进全面从严治党。2016 年 10 月 27 日，十八届六中全会通过的《中国共产党党内监督条例》指出，党内监督必须把纪律挺在前面，运用监督执纪"四种形态"，经常开展批评和自我批评、约谈函询，让"红红脸、出出汗"成为常态；党纪轻处分、组织调整成为违纪处理的大多数；

---

① 习近平：《决胜全面建成小康社会 夺取新时代中国特色社会主义伟大胜利——在中国共产党第十九次全国代表大会上的报告》，人民出版社 2017 年版，第 66 页。

党纪重处分、重大职务调整的成为少数；严重违纪涉嫌违法立案审查的成为极少数。

"四种形态"针对违纪从量变到质变的梯级轨迹，给出由轻到重的因应之策，是一个逻辑严密的体系，也是一个辩证的体系。每一种形态都是严格依据纪律的尺子进行衡量划分的，涵盖了所有违纪问题，覆盖了每一个党组织和全体党员，并针对各种形态层层设置防线，综合运用批评教育、诫勉谈话、组织调整、纪律处分等各种手段。"四种形态"体现了纪严于法、纪在法前、纪法分开的要求，贯彻了惩前毖后、治病救人的方针。深化了对"树木""森林"关系的认识。"四种形态"是对党的十八大以来党风廉政建设实践经验的科学总结，是把纪律和规矩挺在前面的具体体现，反映了以习近平同志为核心的党中央对管党治党规律的深刻把握。

反腐败斗争压倒性态势

🔖 表述

"当前，反腐败斗争形势依然严峻复杂，巩固压倒性态势、夺取压倒性胜利的决心必须坚如磐石。"①

🔖 解读

2016 年 1 月 12 日，习近平总书记在中国共产党第十八届中央纪律检查委员会第六次全体会议上发表重要讲话。他强调："三年来，

---

① 习近平：《决胜全面建成小康社会 夺取新时代中国特色社会主义伟大胜利——在中国共产党第十九次全国代表大会上的报告》，人民出版社 2017 年版，第 67 页。

我们着力解决管党治党失之于宽、失之于松、失之于软的问题，使不敢腐的震慑作用充分发挥，不能腐、不想腐的效应初步显现，反腐败斗争压倒性态势正在形成。"

党的十八大以来，在以习近平同志为核心的党中央坚强领导下，全面从严治党取得显著成效，反腐败斗争压倒性态势正在逐渐形成。

数据显示，十八大以来，中央纪委共立案审查中管干部240人，是十七大期间审查中管干部总人数的3.6倍；处分厅局级干部6600余人，是十七大期间的3.2倍；处分县处级干部4.9万人，是十七大期间的2.2倍。全国纪检监察机关立案件数、处分人数持续大幅增长，由2012年立案15.5万件、处分16.1万人，增长至2016年立案41.3万件、处分41.5万人。在反腐败高压态势的有力震慑下，5.7万名党员干部主动向纪检监察机关交代违纪问题。反腐败斗争的持续深入换来的是党心民心的信任与凝聚。2016年国家统计局问卷调查结果显示，92.9%的群众对反腐败工作成效表示很满意或比较满意，比2012年提高了17.9个百分点。这说明，全面从严治党取得的显著成效，赢得了人民群众对党中央的信心、信任和信赖，厚植了党执政的政治基础，这是了不起的政治成就。

进入新时代，党中央坚定不移反对腐败的决心没有变，坚决遏制腐败现象蔓延势头的目标没有变。全党同志对党中央在反腐败斗争的决心要有足够自信，对反腐败斗争取得的成绩要有足够自信，对反腐败斗争带来的正能量要有足够自信，对反腐败斗争的光明前景要有足够自信。

干部激励机制和容错纠错机制

表述

"坚持严管和厚爱结合、激励和约束并重，完善干部考核评价机制，建立激励机制和容错纠错机制，旗帜鲜明为那些敢于担当、踏实做事、不谋私利的干部撑腰鼓劲。"①

解读

党的十八届六中全会提出：建立容错纠错机制，宽容干部在工作中特别是改革创新中的失误。十八大以来，以习近平同志为核心的党中央在治国理政中提出了一系列新理念新思想新战略，各地各部门在贯彻落实中成效明显。但在某些地区、部门和领域，"为官不为"的消极心理有所滋长。在这种情况下，有必要尽快建立健全容错纠错机制，为敢担责、能干事的干部撑腰打气，营造"鼓励创新、宽容失败"的浓郁氛围。

十九大报告提出建立干部激励机制和容错纠错机制，实际上是对总书记一贯强调的要求的重申，就是要进一步解决干部当中存在的一些思想顾虑。习近平总书记多次强调，要把严格管理干部和热情关心干部结合起来，既要强调从严治吏，也要从政治上激励、工作上支持、待遇上保障、心理上关怀广大干部，从而充分地调动广

---

① 习近平：《决胜全面建成小康社会 夺取新时代中国特色社会主义伟大胜利——在中国共产党第十九次全国代表大会上的报告》，人民出版社 2017 年版，第 64 页。

大干部的积极性、主动性、创造性。

构建"干部激励机制和容错纠错机制"，关键在于坚持习近平总书记提出的"三个区分开来"原则。他明确指出：把干部在推进改革中因缺乏经验、先行先试出现的失误和错误，同明知故犯的违纪违法行为区分开来；把上级尚无明确限制的探索性试验中的失误和错误，同上级明令禁止后依然我行我素的违纪违法行为区分开来；把为推动发展的无意过失，同谋取私利的违纪违法行为区分开来。只有全面地把握好严管与厚爱、激励与约束的矛盾，才能让干部队伍在新时代焕发出新的活力。

新时代的人才观

表述

"要坚持党管人才原则，聚天下英才而用之，加快建设人才强国。实行更加积极、更加开放、更加有效的人才政策，以识才的慧眼、爱才的诚意、用才的胆识、容才的雅量、聚才的良方，把党内和党外、国内和国外各方面优秀人才集聚到党和人民的伟大奋斗中来。"①

解读

2016 年 5 月，习近平总书记为我国人才制度建设作出重要指示，

---

① 习近平：《决胜全面建成小康社会 夺取新时代中国特色社会主义伟大胜利——在中国共产党第十九次全国代表大会上的报告》，人民出版社 2017 年版，第 65 页。

他说："办好中国的事情，关键在党，关键在人，关键在人才。综合国力竞争说到底是人才竞争。要加大改革落实工作力度，把《关于深化人才发展体制机制改革的意见》落到实处，加快构建具有全球竞争力的人才制度体系，聚天下英才而用之。要着力破除体制机制障碍，向用人主体放权，为人才松绑，让人才创新创造活力充分迸发，使各方面人才各得其所、尽展其长。要树立强烈的人才意识，做好团结、引领、服务工作，真诚关心人才、爱护人才、成就人才，激励广大人才为实现'两个一百年'奋斗目标、实现中华民族伟大复兴的中国梦贡献聪明才智。"

十九大报告中，再次对新时代的人才观进行了系统全面的论述。落实新时代的人才观，首先，要推进人才管理体制改革，发挥市场在人才配置中的决定性作用，加快转变政府人才管理方面的职能，保障落实用人单位自主权，加强人才管理法制建设。其次，要改革人才工作机制。应从人才培养、人才评价、人才流动、人才激励、人才引进、投入保障六个方面把握改革重点。第三，重点解决三块短板：一要着力解决人才管理中行政化、"官本位"问题。二要着力解决人才评价中"三唯"（唯学历、唯职称、唯论文）问题。三要着力解决科研成果转化难、收益难问题。

五 大 思 维

表述

"坚持战略思维、创新思维、辩证思维、法治思维、底线思维，科学制定和坚决执行党的路线方针政策，把党总揽全局、协调各方落到实处。"①

解读

党的十八大以来，习近平总书记发表的一系列重要讲话，多次强调各级领导干部要努力学习掌握科学的思维方法，防止出现"新办法不会用，老办法不管用，硬办法不敢用，软办法不顶用"的情况，以科学的思维方法保证各项改革顺利推进。这些讲话里面蕴含了马克思主义政治家的战略思维、历史思维、辩证思维、创新思维和底线思维等一系列治国理政的科学思维。

战略思维能力，就是高瞻远瞩、统揽全局，善于把握事物发展总体趋势和方向的能力；历史思维能力，就是以史为鉴、知古鉴今，善于运用历史眼光认识发展规律、把握前进方向、指导现实工作的能力；辩证思维能力，就是承认矛盾、分析矛盾、解决矛盾，善于抓住关键、找准重点、洞察事物发展规律的能力；创新思维能力，就是破除迷信、超越过时的陈规，善于因时制宜、知难而进、开拓创新的能力；底线思维能力，就是客观地设定最低目标，立足最低点，争取最大期望值的一种积极的思维能力。

工欲善其事，必先利其器。改革发展的任务越是繁重，各级领导干部越是需要加强学习、改善心智模式，以科学思维方法保证善做善成。五种思维是辩证统一的综合体，全体党员干部要认真学习运用这些思想方法观察事物、分析问题，不断增强工作的科学性、预见性、主动性和创造性。

---

① 习近平：《决胜全面建成小康社会 夺取新时代中国特色社会主义伟大胜利——在中国共产党第十九次全国代表大会上的报告》，人民出版社 2017 年版，第 68 页。

四种考验与四种危险

表述

"要深刻认识党面临的执政考验、改革开放考验、市场经济考验、外部环境考验的长期性和复杂性，深刻认识党面临的精神懈怠危险、能力不足危险、脱离群众危险、消极腐败危险的尖锐性和严峻性，坚持问题导向，保持战略定力，推动全面从严治党向纵深发展。"①

解读

2011 年 7 月 1 日，时任中共中央总书记的胡锦涛在建党 90 周年讲话时，讲到"四大考验"：即执政考验、改革开放考验、市场经济考验、外部环境考验。"四种危险"：即精神懈怠的危险、能力不足的危险、脱离群众的危险、消极腐败的危险。这"四大考验"和"四种危险"令全党振聋发聩，给沉溺于改革开放取得成果的党员一剂警醒剂。这不仅体现了我党高层直面问题的勇气，更体现了我党高层的清醒认识和忧患意识。

面对"四大考验、四种危险"，我们不仅要清醒认识、勇于面对，更要不断加强执政能力建设，努力化解危险。不仅要保证市场经济的良性发展，保护改革开放的成果，更要振作精神，开拓进取，

---

① 习近平：《决胜全面建成小康社会 夺取新时代中国特色社会主义伟大胜利——在中国共产党第十九次全国代表大会上的报告》，人民出版社 2017 年版，第 61 页。

正确处理党和人民之间的关系，坚持以人为本、执政为民的执政理念，思民众所想、办民众所盼、解民众所忧，树心怀天下之念，具有胆有识之力，扬公平公正之气，密切联系群众，真正把老百姓看在眼里、放在心上。得民心者得天下，民意永远是推动历史车轮向前的驱动力。

全体党员领导干部只有正视"四种危险"，积极化解"四种危险"，各种考验就能迎刃而解。危险并不可怕，感知危险并积极应对，就能化险为夷。"梅花香自苦寒来"，经受住考验就会迎来更加美好的未来，创造历史的辉煌。

党的群众路线教育实践活动

表述

"坚持照镜子、正衣冠、洗洗澡、治治病的要求，开展党的群众路线教育实践活动和'三严三实'专题教育，推进'两学一做'学习教育常态化制度化，全党理想信念更加坚定、党性更加坚强。"①

解读

党的群众路线教育实践活动，是紧紧围绕保持和发展党的先进性和纯洁性，以"为民、务实、清廉"为主题，按照"照镜子、正衣冠、洗洗澡、治治病"的总要求，自上而下在我们党深入开展。分两批实施，第一批于 2013 年 6 月 18 日启动，教育活动重点对象为

---

① 习近平：《决胜全面建成小康社会 夺取新时代中国特色社会主义伟大胜利——在中国共产党第十九次全国代表大会上的报告》，人民出版社 2017 年版，第 7 页。

县处级以上领导机关、领导班子和领导干部；第二批于 2014 年 1 月开始，在省以下各级机关及其直属单位和基层组织开展。这次教育实践活动于 2014 年 10 月 8 日结束，习近平总书记出席总结大会并发表重要讲话。

这次教育实践活动以贯彻落实中央八项规定为切入点，突出作风建设，坚决反对形式主义、官僚主义、享乐主义和奢靡之风，着力解决人民群众反映强烈的突出问题，提高做好新形势下群众工作的能力，保持党同人民群众的血肉联系，发挥党密切联系群众的优势，为推动经济持续健康发展、全面建成小康社会、实现中华民族伟大复兴的中国梦提供坚强保证。

这次教育实践活动的突出特点为：一是习近平、李克强、张德江、俞正声、刘云山、王岐山、张高丽两个批次分别选择一个省区和一个县作为联系点，亲自指导、率先垂范；二是参与组织数、党员人数多，范围广。共有 8600 多万党员、430 多万党组织、274 个中管单位参与其中；三是形式主义、官僚主义、享乐主义和奢靡之风得到有力整治，群众反映强烈的突出问题得到有效解决。从上到下、各个领域都压缩了会议、精简了文件，减少了评比达标、迎来送往活动，全面清理了超标超配公车、超标办公用房、多占住房，普遍压缩了"三公"经费、停建了楼堂馆所，狠刹了公款送月饼、贺卡、节礼和年货等行为，坚决整治了"会所中的歪风"、培训中心的腐败，坚决整治了"裸官""走读""吃空饷""收红包"及购物卡、参加天价培训、党政领导干部在企业兼职等问题，广泛查处了吃拿卡要、庸懒散拖问题，高高在上、挥霍浪费、脱离群众现象明显扭转，党风、政风和社会风气为之一新。

"三严三实"

表述

"坚持照镜子、正衣冠、洗洗澡、治治病的要求，开展党的群众路线教育实践活动和'三严三实'专题教育，推进'两学一做'学习教育常态化制度化，全党理想信念更加坚定、党性更加坚强。"①

解读

2014年3月9日，习近平总书记在第十二届全国人民代表大会第二次会议安徽代表团参加审议时，关于推进作风建设的讲话中，提到"既严以修身、严以用权、严以律己；又谋事要实、创业要实、做人要实"的重要论述，简称"三严三实"。2015年4月10日，中共中央办公厅印发《关于在县处级以上领导干部中开展"三严三实"专题教育方案》，对2015年在县处级以上领导干部中开展"三严三实"专题教育做出安排，这是党的群众路线教育实践活动的延展深化，是深入推进党的思想政治建设和作风建设的重要举措，是使领导干部队伍适应全面建成小康社会需要的重要保障。

"三严三实"是共产党人最基本的政治品格和做人准则，也是党员、干部的修身之本、为政之道、成事之要。一是修身做人的重要指导；二是领导干部用权律己的基本遵循；三是干事创业的行为准则。它抓住了党员干部做人从政的根本，明确了干事创业

---

① 习近平：《决胜全面建成小康社会 夺取新时代中国特色社会主义伟大胜利——在中国共产党第十九次全国代表大会上的报告》，人民出版社2017年版，第7页。

的准则，划定了为官律己的红线，是党中央对党员领导干部作风建设提出的新要求，为干部加强修养、改进作风、健康成长指明了方向。

领导干部践行"三严三实"，一是从"学、查、改"各个环节抓起，联系个人成长经历、工作实际，以"群众观念怎么样、求实作风怎么样、担当精神怎么样、勤政廉政怎么样"的"四问"深入反省自己；二是把学习教育放在首位，着眼于坚定理想信念、强化党性观念、增强实干精神，深入学习习近平总书记系列重要讲话，学习党章和党的纪律规定，组织好专题党课、专题学习研讨、专题民主生活会和组织生活会，把严和实的要求立起来、树起来；三是紧密联系思想和工作实际，对照正反两方面典型，着力解决"不严不实"的突出问题，强化整改落实和立规执纪，以解决问题的成果检验专题教育的成效。

"两学一做"

表述

"弘扬马克思主义学风，推进'两学一做'学习教育常态化制度化，以县处级以上领导干部为重点，在全党开展'不忘初心、牢记使命'主题教育，用党的创新理论武装头脑，推动全党更加自觉地为实现新时代党的历史使命不懈奋斗。"①

---

① 习近平：《决胜全面建成小康社会 夺取新时代中国特色社会主义伟大胜利——在中国共产党第十九次全国代表大会上的报告》，人民出版社 2017 年版，第 63 页。

🔖 解读

"两学一做"学习教育，指的是"学党章党规、学系列讲话，做合格党员"学习教育。继中央2016年2月印发《关于在全体党员中开展"学党章党规、学系列讲话，做合格党员"学习教育方案》之后，2017年3月中央又印发了《关于推进"两学一做"学习教育常态化制度化的意见》，要求各地各部门认真贯彻落实。

开展"两学一做"学习教育，学习是基础，行动是关键，紧紧围绕党章关于加强党员教育管理要求，对全体党员开展教育实践，而不是一次活动，突出经常性教育和正常教育，区分层次，有针对性地解决问题，用心用力，抓细抓实，真正把党的思想政治建设抓在日常、严在经常。习近平总书记在党的十九大报告中指出，开展党的群众路线教育实践活动和"三严三实"专题教育，推进"两学一做"学习教育常态化制度化，全党理想信念更加坚定、党性更加坚强。

推进"两学一做"学习教育常态化制度化，一是要坚持全覆盖、常态化、重创新、求实效，坚持学做结合，依托党委（党组）理论学习中心组学习、党支部"三会一课"等基本制度，融入日常、抓在经常，防止形式主义，防止"两张皮"。二是要紧密联系本地区本部门本单位实际，联系党员思想工作实际，突出分类指导，组织党员、干部经常自省修身、打扫思想灰尘，有什么问题解决什么问题，什么问题突出重点解决什么问题。三是要领导机关带头学、带头做，党委（党组）理论学习中心组要把学党章党规、学系列讲话作为主要学习内容，党员领导干部要把自己摆进去，不断改造自己，提高思想政治觉悟。四是要把党支部建设作为最重要的基本建设，充分发挥党支部教育管理党员的主体作用，树立党的一切工作到支部的鲜明导向。五是要各级党委（党组）认真履行主体责任，每年要对开展"两学一做"学习教育情况进行评估总结，一级抓一级，层层抓落实，带动基层党组织和广大党员奋发有为、敢于担当、建功立业，更加紧密地团结在以习近平同志为核心的党中央周围，为统筹推进"五位一体"总体布局和协调推进"四个全面"战略布局提供坚强组织保证。

"不忘初心、牢记使命"主题教育

表述

"弘扬马克思主义学风，推进'两学一做'学习教育常态化制度化，以县处级以上领导干部为重点，在全党开展'不忘初心、牢记使命'主题教育，用党的创新理论武装头脑，推动全党更加自觉地为实现新时代党的历史使命不懈奋斗。"①

解读

开展党内集中教育活动，是解决党内存在的突出问题、加强党的自身建设的重要措施。

在党的早期历史上，怎样解决党内矛盾，加强党的建设，缺少一定的经验。1978 年 12 月党的十一届三中全会后，我国进入改革开放历史新时期，也开启了党的建设的历史新时期。在总结经验和教训的基础上，党先后开展了多次党内集中教育活动，保证了社会主

① 习近平：《决胜全面建成小康社会 夺取新时代中国特色社会主义伟大胜利——在中国共产党第十九次全国代表大会上的报告》，人民出版社 2017 年版，第 63 页。

义现代化建设的顺利进行。今天，党的十九大将习近平新时代中国特色社会主义思想写入党章，开创了治国理政、从严治党的新高度。在这个历史性的新时代里，"不忘初心、牢记使命"主题教育活动具有里程碑式的意义。

"不忘初心、牢记使命"主题教育活动首先，要重现党史国史革命史。以史为鉴，方知共产党员抛头颅、洒热血的"中国价值"。其次，要点亮初心使命。各级党组织要用好思想武器，把领导干部紧紧地凝聚在党中央的周围，消除职业倦怠和行政不作为的蛀虫，消灭贪污腐化的"老虎苍蝇"，点亮共产党员的赤胆忠诚，为实现中华民族的伟大复兴贡献自己的力量。最后，"不忘初心、牢记使命"主题教育活动要善于取长避短。纵观西方国家发展史，政党在选举时靠财团聚资打开阵地，许诺犹如空头支票，最终付出失去民心的惨痛代价。对比中国共产党的成长壮大，一定要从上至下，坚守党为国为民的初心，高瞻远瞩为国谋发展，同时不忘脚踏实地，为民办实事。

深化国家监察体制改革

表述

"深化国家监察体制改革，将试点工作在全国推开，组建国家、省、市、县监察委员会，同党的纪律检查机关合署办公，实现对所有行使公权力的公职人员监察全覆盖。"①

---

① 习近平：《决胜全面建成小康社会 夺取新时代中国特色社会主义伟大胜利——在中国共产党第十九次全国代表大会上的报告》，人民出版社 2017 年版，第 67–68 页。

解读

国家监察体制改革是事关全局的重大政治改革，是国家监察制度的顶层设计。2016 年 1 月，习近平总书记在十八届中央纪委六次全会上指出，要完善监督制度，做好监督体系顶层设计，既加强党的自我监督，又加强对国家机器的监督。要健全国家监察组织架构，形成全面覆盖国家机关及其公务员的国家监察体系。

党的十八届六中全会指出："各级党委应当支持和保证同级人大、政府、监察机关、司法机关等对国家机关及公职人员依法进行监督，人民政协依章程进行民主监督，审计机关依法进行审计监督"。不难看出，监察机关已被前所未有地放置于政府和司法机关之间。这表明，监察机关将从过去位列政府职能部门的从属地位，上升至与政府和法院、检察院平级的独立地位。

2016 年 11 月，中共中央办公厅印发《关于在北京市、山西省、浙江省开展国家监察体制改革试点方案》，部署在 3 个省、市设立各级监察委员会，从体制、制度建设上先行先试、探索实践，为在全国推开积累经验。2016 年 12 月，全国人大常委会审议通过试点方案。2017 年 1 月，北京市、山西省、浙江省分别成立监察委员会，标志着国家监查体制改革试点工作取得阶段性成果。

党的十九大报告指出，深化国家监察体制改革，组建国家、省、市、县监察委员会，同党的纪律检查机关合署办公，实现对所有行使公权力的公职人员监察全覆盖。制定国家监察法，依法赋予监察委员会职责权限和调查手段，用留置取代"两规"措施。构建党统一指挥、全面覆盖、权威高效的监督体系，把党内监督同国家机关监督、民主监督、司法监督、群众监督、舆论监督贯通起来，增强监督合力。

随着国家监察体制改革试点在全国推开，巡视监督、派驻监督、国家监察都实现了全覆盖，党和国家监督体系日益完善，自我净化能力不断增强，有力推进治理体系和治理能力现代化。

反腐败国家立法

表述

"推进反腐败国家立法，建设覆盖纪检监察系统的检举举报平台。强化不敢腐的震慑，扎牢不能腐的笼子，增强不想腐的自觉，通过不懈努力换来海晏河清、朗朗乾坤。"①

解读

2014年10月，十八届四中全会通过《中共中央关于全面推进依法治国若干重大问题的决定》，首次以中央名义提出"加快推进反腐败国家立法，坚决遏制和预防腐败现象"。

2015年2月，最高检察院下发的《最高人民检察院关于贯彻落实〈中共中央关于全面推进依法治国若干重大问题的决定〉的意见》提出，最高检察院将积极推动反腐败国家立法。

依法反腐的基本前提是有较为系统、完备的反腐败法律制度。反腐败国家立法要注重两个方面的内容，一方面是关于掌权者的权力设置边界及权力行使和运行的规则；另一方面是追究腐败者的规

---

① 习近平：《决胜全面建成小康社会 夺取新时代中国特色社会主义伟大胜利——在中国共产党第十九次全国代表大会上的报告》，人民出版社2017年版，第67页。

则和安排，即关于违反规则构成腐败及其追究的规则。同时，反腐败国家立法是个综合的系统工程，不仅包括刑法、刑事诉讼法，还包括行政监察法等。

反腐败立法是适应反腐败现实需要，整合散落在公务员法和刑法等国家单行立法以及党内法规中的规定，推动反腐败综合性立法，对进一步形成反腐败斗争取得压倒性胜利提供了法律保障。推进反腐败国家立法，完善惩治和预防腐败体系，形成不敢腐、不能腐、不想腐的有效机制，是对全面依法治国精神的落实，是深化党风廉政建设和反腐败工作的需要，也是使反腐败走向规范化、制度化的根本方向。